KB004782

더 나은 말

더 나은 말

솔직하면서도
상처 주지 않는
대화의 기술

How to
find
the
Right
Words

THE
SCHOOL
OF LIFE

알랭 드 보통 기획 ─ 인생학교 지음 ─ 조동섭 옮김

orangeD

우리는 살아가는 내내 '타인에게 나의 감정과 생각을 솔직하게 알리고 싶다'는 욕망과 '늘 모두에게 다정한 사람이 되고 싶다'는 욕망 사이에서 긴장감을 느낀다. 그리고 이 두 가지 바람은 완전히 정반대에서 대치할 때가 아주 많다. 분노와 좌절감과 경멸감 혹은 사랑을 있는 그대로 드러낸다면 관계가 망가질 수도 있고, 결국 사회에서 버림받을 수도 있다. 그렇다고 아무 말도 하지 않으면, 가식 속에 살고 있다는 기분과 답답한 마음에 고통받게 된다.

이 양극단 사이에서 오락가락하며 어디로 나아갈지 확신하지 못한다. 오랫동안 아무 말도 하지 않다가 더 이상 견딜 수 없거나, 진절머리가 나거나, 어찌할 바를 몰라서 결국 폭발한다. 표현을 너무 꺼리거나, 표현에 너무 겁먹어서 감정을 정중하게 표현하지 못한 채 몇 달을 낑낑대다가 한순간 걷잡을 수 없이 모두 쏟아낸다.

자신에게 너그러워야 한다. 솔직하면서도 정중하게 말하기는 중요한 기술이다. 그런 기술을 배울 기회는 아주 드물다. 대개 어린 시절에 의사소통 방법을 배우게 되는데, 안타깝게도 진실하면서도 부드러운 대화가 오가는 가정에서 자란 사람은 많지 않다. 반면에 비죽거리거나 고함지르는 법, 고집을 부리거나 부인하는 법은 지나치게 많이 배운다. 변덕스럽게 화내는 어른이나 성격이 아주 예민한 어른 앞에서 우리는 '착한' 아이가 되어야 했다. 하고 싶은 말이 있어도 감히 그 말을 입에 올리지 못하며 어린 시절을 보냈다. 불만을 속으로 삼키는 법을 배우며 자란 우리는, 오랫동안 말하지 않고 참다가 스스로도 놀랄 만큼 저열하게 폭발하는 모습을 보인다.

이 책은 '외교'를 다룬다. 외교란 국가 사이의 문제를 다루는 기술이다. 이웃한 두 나라의 지도자가 사사로이 자존심만 내세워 불쑥 화를 낸다고 치자. 이 두 사람이 만나서 서로 화를 돋우기만 한다면 끔찍한 전쟁이 시작될 수도 있다. 그래서 직접 만나는 대신 외교 사절을 보낸다. 외교 사절은 좀 더 부드럽게 말할 수 있는 사람, 문제를 개인적으로 받아들이지 않는 사람, 참을성이 많고 유연한 사람이 맡는다. 흥분한 상태에서 내린 결정으로 인해 벌어질 위험을 피하는 방법이 바로 외교다. 왕들이 각자 자기 궁에서 탁자를 내리치며 욕을 퍼붓고 있어도, 외교 사절은 회의실에서 조용히 말한다. "이 문제에서 저희 국왕이 조금 당황한 부분은……."

외교라고 하면 흔히 대사관, 국제 관계, 정치를 떠올리지만, 실제로 일상의 여러 면에서 유용하다. 특히 사무실이나, 문을 쾅 닫고 들어간 애인의 방 앞에서 쓸 수 있는 중요한 기술이기도 하다. 외교란, 불필요한 흥분을 일으키거나 대참사를 불러오지 않고 생각을 발전시키는 기술이다. 이 기술에는 상호 합의를 약화시키고 충돌을 부추길 수 있는 인간 본성의 여러 면을 이해하고, 부정적인 결과를 우아하게 피하려는 노력이 포함된다.

이 책에서는 외교의 부재로 인해 정신세계와 우정에 막대한 위험을 끼칠 수 있는 다양한 시나리오를 살펴본다. 상황에 따라 각기 다른 접근법을 이용하지만, 다음과 같이 공통된 외교 원칙을 찾아볼 수 있다.

상대를 존중한다

자기주장만 앞세우는 사람은 자신이 타인으로부터 존중받지 못한다는 기분에서 에너지를 얻는다. 뛰어난 외교관은 이 점을 잘 알고 있다. 이해받고 존중받고 싶은 광범위한 욕구가 충족되지 않았다고 느끼는 사람은 이른바 '사소한 것'을 두고서 아주 끈질기고 비열하게 싸운다. 그래서 외교적인 사람은 상대를 전반적으로 안심시키는 데에 특히 주의를 기울인다. 외교적인 사람은 눈앞에 놓인 갈등이 무엇이든 상대에게 '당신을 존중하고, 충분히 당신의 입장을 이해하며, 당신을 중요하게 여기고 있다'는 신호를 보낸다. 그러면 상대는 훨씬 부드럽고 편안하게 불만을 이야기한다.

자신의 잘못을 인정한다

상대에게 불만을 이야기할 때에는 서로가 동등한 위치에 있음을 알리는 게 좋다. '내가 물 샐 틈 없이 완벽한 위치에서 말하는 것이 아니며, 나도 결점 있는 사람임을 잘 알고 있다'고 알리면 크게 도움이 된다. 불만을 꺼내기 전에 상냥하게 "아, 저도 자주 그러는데……" 하고 말을 시작하면 성공적인 대화를 끌어낼 수 있다.

진실을 유연하게 다룬다

외교적인 사람은 협상할 때에 단호하고 사정없이 진실만 말하려고 집착하지 않는다. 약간의 거짓말이 더 큰 진실에 유용한 경우도 있다는 사실을 잘 안다. 어떤 지엽적인 진실이 강조되면 관계에서 가장 중요한 원칙들이 영원히 허물어질 수도 있다. 작은 거짓말이 큰 진실의 수호자인 경우도 있다. 외교적인 사람은 진실에 지나치게 집착하지 않아야 할 때도 있다고 인정하며, 타인도 때로 어쩔 수 없이 거짓말한다는 사실을 이해한다. 그리고 그 사실 여부를 캐내려 하지 않는다.

나쁜 행동을 못 본 체 한다

외교적인 사람은 타인이 나쁜 행동을 할 때, 가령 버럭 화를 내거나 누군가를 비난하거나 아주 심한 말을 할 때도 평정을 지킨다. 자신이 화풀이 대상이 되더라도 상대의 행동을 감정적으로 받아들이지 않는다. 또한 상대가 흥분해 있어도 기본적으로는 점잖은 사람이며, 평소 더 나은 모습으로 생활할 것임을 알고 있으므로 흥분한 이유부터 찾는다. 외교적인 사람은 누구나 이성을 잃을 때가 있으며, 그런 순간은 단지 너무 지쳤거나 절망했기 때문이지 그 이상의 의미는 없다는 점을 잘 이해하고 있다. 상대를 잘 알지 못하면서, 혹은 상내에 대해 단편적으로만 알고 있으면서 도덕성만 강조하며 상황을 악화시키지 않는다. 탁자를 주먹으로 내리치거나 터무니없는 의견을 말하는 사람은 그저 겁먹었거나 불안해서, 혹은 아주 열의에 넘쳐서 그럴 뿐인지도 모른다. 질색하기보다는 연민을 느끼는 게 옳은 상황이다.

적절한 순간을 찾는다

외교적인 사람은 말을 꺼내기에 더 나은 때와 그렇지 않은 때가 있다는 사실을 잘 안다. 그래서 문제가 생길 때마다 즉각 말하지는 않는다. 상대가 잘 들어줄 수 있는 적당한 때를 기다린다. 가령 술기운이 사라질 때까지 기다리거나 이튿날 아침에 이야기한다.

비관주의를 바탕에 둔다

외교적인 사람은 기본적으로 비관주의를 바탕에 깔고 있다. 인간이라는 동물이 어떤 특성을 갖고 있는지 잘 알며, 어떠한 관계라도 그 안에서 괴로운 문제가 수없이 일어난다는 사실을 숙지하고 있다. 문제가 닥쳤을 때 기꺼이 맞이할 수 있는 것은 애초부터 적당한 슬픔을 가슴에 안고 있는 덕분이다. 외교적인 사람은 이상향에 집착하지 않는다. 나약하기 때문이 아니다. 세상은 근본적으로 불완전하며 이런 세상을 살아가려면 타협이 반드시 필요하다는 점을 이해하고, 성숙하게 마음의 준비를 갖췄기 때문이다.

터놓고 말한다

외교적인 사람은 예의를 잃지 않지만, 나쁜 소식도 솔직히 말한다. 냉혹한 결정 앞에서 우리는 다른 사람에게 내가 어떻게 비칠지만 생각하느라 주저할 때가 많다. 그러다 보면 상황은 불필요하게 더 나빠진다. 헤어지겠다고, 해고하겠다고, 그 사업 계획은 가능성이 없다고 말해야 할 때에 '지금 다른 데에 정신이 좀 팔려 있다'고, '영업 성적이 만족스러웠다'고, '팀장 회의에서 그 계획을 논의하고 있다'고 얼버무린다. 희망의 여지를 남기는 것을 친절이라고 착각한다. 그러나 겉으로 착해 보이는 것은 진짜 착한 것이 아니다. 상대를 진짜로 위한다면, 상대가 현실에 최대한 잘 적응할 수 있도록 도와야 한다. 외교적인 사람은 날카롭고 깔끔하게 한 방을 날린다. 희망 고문을 하지 않는다. 터놓고 말함으로써 상대에게 도움이 된다면 기꺼이 미움받기를 감수한다.

＊

이 책을 읽고 더 나은 말을 찾는 법을 배운다고 해서 거짓말에 능숙해지거나 세련된 사기꾼이 되지는 않는다. 타깃을 더 정확하고, 더 효과적으로 맞히는 방법을 터득할 수 있다. 상대방에게 솔직하면서도 다정하게 말하는 방법을 깨우칠 수 있다.

연애

}

친구로 지내자

거절당하는 것은 결코 유쾌하지 않다. 그러나 거절해야 하는 상황이 훨씬 더 괴로울 수 있다. 물러서라고 선언해야 하는 고통은 짝사랑의 아픔에 비견할 만하다. 실제적으로는 몸을, 더 추상적으로는 영혼까지도 기꺼이 바치겠다는 사람에게 들려줄 답이 '고맙지만 사양하겠다'는 말뿐일 때, 근본적으로는 아주 단순한 말이지만 그 말을 전달하는 수단에는 아주 나쁜 방법도 있고 좋은 방법도 있다. 그렇다면 이상적인 방법은 무엇일까?

〰 **이런 얘기를 꺼내서 미안하지만······.**

　말을 아예 하기 싫거나 상대방의 관심을 모른 체하고 싶을 수도 있다. 그러나 그러는 사이에 상대는 자신의 마음을 아직 제대로 전달하지 못했다고 느끼거나, 당신이 몹시 '수줍어서' 그럴 뿐이라고 생각한다. 이런 애매한 대응은 고문을 길게 늘릴 뿐이다. 우리는 성숙하고 책임감 있게 이 문제를 매듭지어야 한다.

〰 같이 지낸 시간은 나도 좋았어.

　무엇보다 거절을 당하는 사람이 자긍심을 잃지 않도록 배려해야 한다. 그 사람이 나쁜 사람이나 비난받을 사람은 아니다. 충분히 괜찮은 사람이다(그래서 이 거절이 힘들다). 그저 내가 성적으로 흥미를 느끼지 못할 뿐이다. 당당하라. 내가 쭈뼛거리면 상대는 쉽게 알아챈다. 내가 부끄러워하지 않아야 상대도 부끄러워하지 않을 수 있다. 성적 지향이 자신의 의지에서 비롯되지 않듯이 그 사람에게 성적인 흥미가 생기지 않는 것은 나의 의지에서 비롯된 일이 아니다.

〰 그렇지만 우리가 더 진전되면…….

　이 결정이 어느 정도 상호적인 척하라. 상대만 일방적으로 원하고 나는 몸서리치는 상황이 아니라고 느끼게 해야 한다. 지금 앞날을 생각하는 주체는 '우리'다. 기본적으로는 나도 상대만큼 이 관계가 발전되기를 바라지만, 지금 내 입장에서 문제를 깨닫게 됐다고 말해야 한다.

〰 이 관계를 더 발전하게 두면, 나는 최선의 모습을 보여줄 수 없을 거야.

이렇게 말한다면, 상대가 잘못해서 거절하는 게 아니라는 뜻을 전달할 수 있다. 내가 친절하게 책임을 다하려고 하다 보니 거절할 수밖에 없다는 의미가 된다. 한편, 상대가 자신을 매력 없는 사람으로 여기지 않도록 말해야 한다. 나에게 괴팍한 면이 많으니, 그로부터 당신을 지켜주고 싶다는 뜻을 전달해야 한다.

〰 우리 관계가 지금과 달라지면, 나는 지금 이 관계도 망가뜨리게 될 거야. 그건 싫어.

연애를 시작하면 그 사람의 최고의 모습, 즉 상대의 가장 참되고 가장 다정하고 더없이 온전한 면모를 볼 수 있다고 흔히 생각한다. 하지만 이건 명백히 틀린 생각이다. 오히려 끔찍한 모습으로 점철되지 않는 연애가 드물다. 연인보다 친구로 지내는 게 훨씬 더 좋을 수도 있다. 우정은 애정을 차지하지 못한 사람에게 주는 '아차상'이 아니다. 우정은 진정으로 값진 관계며, 연애는 우정에 비하면 추악한 대안에 지나지 않을 수 있다.

〜〜 너는 나한테 조언을 아끼지 않고 나를 늘 지지해주는 사람이야. 그리고 너만의 시각으로 세상을 볼 줄 아는 사람이야. 나는 너를 잃고 싶지 않아. 이번 월요일에 텔레비전 보면서 음식 주문해서 먹지 않을래?

우정은 확고하게 지키자고 계속 제안할 것. 이는 상대를 전적으로 거절하는 게 아니다. 섹스가 포함된 관계보다 훨씬 더 중요한 것, 즉 나의 가장 좋은 면을 함께할 기회를 지금 제안해보자. 우정은 진정한 선물이고 특권이다.

이 결정이 어느 정도
상호적인 척하라.
상대만 일방적으로 원하고
나는 몸서리치는 상황이
아니라고 느끼게 해야 한다.

연애

}

아직도 나를 사랑해?

연애의 시작 단계에 있는 사람은 상대도 자신을 사랑하는지 알고 싶어서 괴로워한다. 우리 사회는 그런 사람에게 아주 너그럽다. 그러나 연애의 안정기에 무사히 접어든 상태에서도 여전히 안절부절못하는 사람에게는 그다지 너그럽지 못하다. 사랑을 재확인하려고 계속 안달할수록 의존적인 사람, 질리는 사람, 극단적인 사람으로 몰리기 쉽다. 그렇다면 정말로 사랑받고 있다는 확신을 갈구하는 것이 잘못된 일일까? 아니다. 연인의 삶에서 자신이 어떤 자리를 차지하고 있는지 알고 싶은 마음은 아주 정상적이고 건강한 욕구다. 효과적으로 확인할 수 있는 방법만 찾아내면 된다.

〰 **지금부터 내가 하는 얘기가 짜증스러울 수도 있어.**
그래, 나도 알아. 절박해 보이기도 하겠지. 그래도…….

짜증 날지도 모른다는 경고 앞에서는 누구라도 짜증 내기 힘들다. 위험이 도사리고 있는 쪽을 턱짓으로 가리키면,

상대는 극단적인 반응을 드러내지 않으려고 마음의 준비를 갖춘다. 진짜 미친 사람은 자신이 미쳤다고 생각하지 않는다. 오히려 자신이 정상이라고 큰소리친다. 그러므로 '내가 이상해 보일 수 있다는 걸 나도 안다'고 미리 말문을 떼야 한다.

～ 나는 우리 관계를 확인하고 싶어. 확신을 못 하겠어.

연인에게서 사랑받는 기분을 느끼지 못할 때 우리에게 주어지는 길은 두 가지다. 첫째, 자신은 좋은 대우를 받을 가치가 없다는 느낌을 피하기 위해 아무 말도 하지 않는다(그러나 점점 씁쓸한 기분이 들어서 결국 상대에게 냉랭해지거나 바람을 피운다). 둘째, 완전히 걷잡을 수 없는 분노를 터뜨리며 상대의 모든 행동을 극단적으로 비난한다. 두 가지 길 모두 연인에게 무시당하거나, 광적으로 집착하는 사람이라는 꼬리표가 붙는 가슴 아픈 결과를 낳기 쉽다. 지금 우리에게 필요한 요령은 연약해 보이면서도 강인한 면을 잃지 않는 것이다.

～ 내 생각에 안정된 연애라면 두 사람 다 애정을 느낄 수 있어야 하고, 대화가 계속 이어져야 돼. 요즘 나는 모든 게 힘들어. 우리 관계만큼은 힘들지 않았으면 해.

나는 이 연애를 유지하고 싶은 마음이 간절하지만, 희생을 감수하면서까지 그럴 마음은 없다는 뜻을 은근히 전달해야 한다. '무조건적으로 주는 사랑'이 낭만적으로 들릴 수 있지만 짓밟히기를 자초하는 확실한 길이기도 하다.

〰️ **이렇게 사소한 일까지 얘기해야 하나 생각할 수도 있겠지만, 이건 알았으면 좋겠어.** [여기에 자신의 문제를 넣는다. 큰 것도 좋고 사소한 것도 좋다. 저녁 모임에서 네가 다른 사람에게 추파를 던졌다, 어디에 있는지 알리지도 않고 이틀 동안 사라졌다, 밥 먹는 내내 부루퉁했다, 씻고 나서 수건을 함부로 팽개쳐 놓았다, 잘 때 내 손을 잡지 않았다 등.] **그래서 나는 슬프고 화가 났어.**

연애 관계 안에서 '내가 너무 사소한 것에 기분 상하고 불만을 느끼는 게 아닐까?' 하며 스스로 부끄러워할 필요는 전혀 없다. 내가 어떤 일에 상처를 받았다면, 그 일은 진짜 문제인 것이 맞다. 나는 말할 권리가 있다는 생각을 키워나가야 한다. 그러면 틀림없이 나중에는 침착하게 말할 수 있다.

〰️ **너를 정말 사랑해. 그렇지만 우리가 서로를 원하는지, 너도 나랑 같은 마음인지 알아야겠어.**

우리는 연인에게 '내가 지금도 예전처럼 당신한테 중요한 존재인지' 묻고 싶지만 돌아올 대답이 두려워서 물어보지 못할 때가 많다. 그러나 부정적인 대답을 듣게 될까 봐 두려울 정도로 불안정한 연인 사이라면 차라리 깨지는 게 낫다.

〜〜 **우리가 서로를 대하는 방식이 다른 건 물론 이해해. 너한테 지나치게 부담을 주고 싶지는 않아.**

이 말을 통해, 사랑이 여러 방식으로 나타날 수 있다는 것을 잘 알고 있다고 연인에게 알린다. 이론상으로는 연락이 두절되어도 나를 사랑하고 있을 수 있다. 다른 사람에게 어느 정도 성적 관심을 느껴도, 계속 친구들과 놀고 싶거나 골프를 치고 싶어도, 연인은 나를 사랑하고 있을 수 있다. 그러나 이런 것들이 관계가 멀어졌다는 신호일 수도 있다. 그리고 결국에 이런 방식이 내가 원하는 연애가 아니라면 참고 견딜 이유는 전혀 없다.

〜〜 **내가 애정에 굶주린 사람일지도 몰라. 그렇지만 네가 마음을 쓴다는 표시를 더 느끼고 싶어.**

비난조의 말은 내가 선수를 쳐서 먼저 쓰는 게 유용하

다. 먼저 내 것으로 만들면, 상대가 나를 부정적으로 몰아붙이는 부당한 일을 막을 수 있다. 사랑을 확인받고 싶다고 분명히 표현할 줄 아는 사람은 결코 연약한 사람이 아니다. 진짜 연약한 사람은 연인에게 친밀감을 느끼고 싶다고 표현할 때 뒤따를지도 모를 위험을 감수하지 못하는 사람이다.

사랑을 확인받고 싶다고 분명히
표현할 줄 아는 사람은
결코 연약한 사람이 아니다.
진짜 연약한 사람은 연인에게
친밀감을 느끼고 싶다고 표현할 때
뒤따를지도 모를 위험을 감수하지 못하는
사람이다.

연애

그만 헤어져

헤어지자는 말은 어느 순간에 불쑥 나오지 않는다. 이미 오래 전부터 머릿속에 명확히 박혀 있었기 마련이다. 이 경우에는 적절한 말을 찾는 것보다 더 어려운 문제가 있다. '나는 이 말을 할 권리가 있다'는 생각을 스스로 받아들이는 것이다. 당연히 누구나 이별을 선언할 권리가 있다. 헤어지자고 말하는 것은 나 자신만을 위한 일이 아니다. 상대를 위한 일이기도 하다.

〰 **지금은 타이밍이 안 좋다는 걸 알아. 그렇지만 사실, 이 말을 하기에 괜찮은 때는 없지.**

상대가 새 직장에 정착한 뒤, 혹은 상대의 생일이 지난 뒤나 휴가가 시작될 때, 상대가 나에게 불만을 느끼고 짜증이 난 것 같은 때 등 '적절한' 순간이 오기까지 기다리고 싶은 유혹을 느낄 수 있다. 그러나 사실, 어떤 날이든 약간이라도 적절하다고 말할 만한 때란 없다. 언제 이별을 말하더라도 상대에게는 모든 면에서 끔찍한 상처가 된다. 더 넓은 의미의 해방을 더 일찍부터 누릴 수 있다면 태국 여행이나 동생의 생일을 망치는 게 낫다.

～～ 나는 더 이상 우리 관계를 계속할 수 없어.

충격적인 말을 전하는 것이 가장 잔인한 일일까? 아니다. 이미 믿음을 잃은 관계를 침묵 속에서 유지하는 것이 가장 잔인한 일이다. 자신의 감정을 진정으로 깨달은 순간, 첫 번째로 해야 할 일은 기꺼이 상대의 삶에서 빠지는 것이다. 그리고 새롭게 출발할 수 있도록 해주어야 한다. 나로 인해 상대가 인생을 낭비하게 만드는 것이야말로 진짜 죄악이다.

～～ 많은 얘기를 할 수도 있겠지만 이제 아무런 의미가 없어. 그냥 이렇게 됐다는 말만 할게. 그게 제일 좋을 것 같아.

이별의 이유를 말하고 싶은 충동을 느낄 수도 있다. 상대는 내 생각을 까부숴서 결국 결정을 되돌리기를 바라며, 서로 협의하는 방향으로 대화를 끌어가려 애쓸지 모른다. 거기에 말려들면, 오래된 갈등을 두고 유치한 말싸움을 벌이게 되거나 필사적으로 애걸하는 상대를 마주할 수 있다. 그렇게까지 상황이 진행되면 나는 필요 이상으로 퉁명스러워져야 한다. 상대가 문제를 제대로 이해할 수 있는 사람이었다면 애초에 이 지경까지 오지도 않았다.

〰 내가 성급해 보이겠지. 아니야. 오랫동안 아주 깊이 생각했어. 나는 지금 내 마음속 깊이 옳다고 느끼는 말을 하는 거야.

상대에게 희망을 주는 것, 즉 내 마음이 바뀔지도 모른다는 느낌을 주는 것은 몹쓸 짓이다. 부드럽게 대하는 게 정말로 착한 일은 아니다. 오히려 애정이 남아 있다는 오해를 불러일으킬 위험이 있다. 이별 후에 상대를 위로해줄 사람은 많다. 지금 당신이 해야 할 일은 상대를 기쁘게 하는 게 아니라, 상대에게 최대한 잊고 싶은 사람이 되는 것이다.

〰 한동안 연락하지 않는 게 좋겠어.

이런 상황에서는 일부러 무신경한 척하고 퉁명스럽게 구는 것이 오히려 선물이 된다. 이렇게 해서 내가 증오의 대상이 되면 상대는 이별을 더 쉽게 극복할 수 있다. 떳떳이 미움을 받는 것이 상대를 위하는 길이다. 결국 '좋은 사람'이란 감상적인 말을 길게 늘어놓으며 뜨거운 눈물을 쏟아내는 사람이 아니라, 심하게 상처를 주더라도 떳떳이 미움을 받을 만큼 용감한 사람이다.

설명은 필요 없지만 그래도 꼭 하고 싶은 말이 있다면, 아주 간결하게 남긴다.

〰️ **누구의 잘못도 아니야. 이런 관계에 서로 계속 묶여 있기에는 우리 둘 다 아까운 사람이야. 언젠가 시간이 흐른 뒤에, 너도 내 생각이 옳았다고 인정하겠지.**

헤어지더라도 친구로 지내자고 하거나, 울고 싶을 때에는 언제라도 찾아와서 내 어깨에 기대라고 말하는 것은 서로를 제대로 사랑하지 않은 사람들에게나 해당되는 선택 사항이다.

〰️ **밖에 택시 불러놨어. 안녕.**

충격적인 말을 전하는 것이
가장 잔인한 일일까?
아니다.
이미 믿음을 잃은 관계를 침묵 속에서
유지하는 것이 가장 잔인한 일이다.

연애

}

**섹스할 때
하고 싶은 게 있어**

섹스할 때 해보고 싶은 것이나 머릿속을 꽉 채운 성적 환상이 있다고 치자. 연인에게 입히고 싶은 특별한 복장이나 제삼자를 끌어들인 섹스 시나리오 같은 것 말이다. 바라는 바를 연인에게 이해시키고 싶은 마음이 간절하면서도 별스럽거나 이상하거나 비정상인 사람으로 보이지 않을까 걱정될 때, 솔직함과 배려 사이에서 갈등하게 된다.

　이럴 때 얼른 머릿속에서 떠올릴 수 있는 선택지는 둘 중 하나다. 첫째, 아무 말도 하지 않기. 둘째, 색다른 것을 원한다고 힘주어 말하기. 아무 말도 하지 않으면 아무 결과도 얻을 수 없으니 논외로 치고, 후자의 경우는 연인을 모험심이 부족한 사람, 겁쟁이, 혹은 실망스러운 사람으로 몰아가는 결과를 낳을 수도 있다. 이런 부정적인 결과를 피하려면 애인에게 단도직입적으로 요구하기보다 이 문제를 자유롭고 즐겁고 지적인 탐구의 영역으로 옮겨놓는 것이 좋다.

〰 우리 둘 다 섹스 판타지를 생각해볼 수 있지 않을까. 그러면

서로를 더 잘 알 수 있을 것 같아. 나는 우리가 더 많이 이해하고 이해받으면 좋겠어.

사회가 자유로워졌다고는 하지만 여전히 대다수의 사람들은 성생활을 부끄러운 것, 은밀히 누려야 하는 것으로 생각한다. 이것을 안타까운 일로 여길 수도 있지만 다시 생각하면, 사랑하는 사람과 둘만의 유대감을 만들 기회로 바꿀 수도 있다. 어쩌면 연인도 자신이 바라는 섹스 판타지를 말하지 못하고 있는지도 모른다.

〰 **이상하게 들릴 건 나도 아는데…….**

상대가 당황할 수 있는 말을 꺼내기 전에는 힝싱 미리 '내 말이 당황스럽게 들릴 수 있다는 사실을 나도 안다'고 말하면 도움이 된다. 진짜 이상한 사람은 자신이 이상하다고 생각하지 않기 때문이다.

〰 **나는 좀 공격적인 플레이를 해보고 싶어. 당신을 배려하고 사랑하는 건 기본이고. 당연히 당신을 아주 존중하지만, 섹스할 때에는 욕이나 상스러운 말을 쓰고 싶어.**

우리는 왜 자신의 욕구를 부끄러워할까? 욕구를 논리적으로 받아들이는 교육을 받지 못한 탓도 있다. 누구나 각자 자기 인생에서 두렵거나 어려운 것이 있다. 섹스 판타지가 이런 것들의 반작용이라고 생각하면, 발상을 전환할 수 있다. 우리는 자신이 품고 있는 환상을 통해 성장 환경에서 생긴 문제가 무엇이지 파악할 수 있다.

〰 **내가 왜 이런 걸 원할까. 나도 오랫동안 의아했어. 그러다가 깊이 생각해봤어. 이 판타지는 나한테 무슨 의미일까? 내 어떤 심리가 거기에 끌릴까? 그리고 내 과거를 돌아봤어. 나는 뭐가 두려워서 이런 판타지로 내 두려움을 없애고 싶을까?**

섹스 판타지는 아무런 이유 없이 생기지 않는다. 우리 안에 자리 잡은 갈등의 결과다. 섹스 판타지는 잠시 그 갈등을 해소시킨다. 아버지와 연관되어 나쁜 기억이 남아 있는 사람이라면 연인에게 제복을 입히고 싶을 수 있다. 권위를 억압에서 즐거움의 원천으로 바꾸고 싶기 때문이다. 상대에게 복종하는 플레이를 원한다면 일상에서 자신이 많은 것을 지휘해야 하는 의무감에 짓눌린 상태일 수 있다.

〰 **내가 왜 거친 섹스를 바라는지 곰곰이 생각해봤어. 나는 화를**

잘 못 내. 화난 모습을 보이면 사람들한테 상처를 주지 않을까 하고 두려워하나 봐. 그래서 늘 착하고 순한 사람으로 보이려 애써. 적어도 당신이랑 섹스할 때만큼은 그런 현실에서 벗어나서 솔직한 내 모습을 보이고 싶은 거야.

연인의 마음을 움직일 만한 이야기를 간결하게 들려주자. 그리고 성장 과정 때문에 생긴 성적 환상은 현실의 대안일 뿐이며, 실생활과는 전혀 연관이 없다는 점을 강조해야 한다.

〰 **나는 현실에서는 욕하거나 상스러운 말을 쓸 생각이 전혀 없어. 생각만 해도 끔찍해. 어디까지나 우리 둘만의 놀이로 생각하는 것뿐이야.**

어린아이들은 현실에서 늑대나 해적이 되고 싶은 마음이 없어도 놀이를 할 때에는 늑대나 해적이 되어서 재밌게 놀 줄 안다. 다른 아이가 늑대나 해적이 되어서 놀아도 그 아이가 현실에서도 그렇게 되고 싶을 거라는 생각은 하지 않는다. 어른이 된 우리는 이런 사실을 잊어버리고 놀이와 현실을 헷갈린다. 역할 놀이의 즐거움을 잃어버리는 것이다. 어린아이의 마음으로 돌아가서 상상력을 발휘하는 현명함을 되살려야 한다.

〰〰 독특하게 섹스를 즐기는 사람은 생각보다 많을걸. 언뜻 듣기에는 평범하지 않은 것들도 알고 보면 아주 평범할 거야.

아주 오랜 세대에 걸쳐 인간은 자기 부족의 행동 규범을 따르는 것이 중요한 생존 요소였다. 그러나 다른 사람들이 실제로 어떻게 섹스하는가에 대한 우리의 견해는 모호하고 왜곡됐을 확률이 높다. 다행히도 우리는 너나없이 생각보다 훨씬 더 특이하다.

〰〰 섹스 판타지가 없는 사람은 없고, 자기가 가진 판타지가 이상하게 들릴 것 같아도 사실 그렇게 이상하지는 않아. 나는 당신의 섹스 판타지도 알고 싶어.

'이 사람한테는 내 별난 면까지 드러내고 싶다'는 마음이 친밀감을 만든다. 그런 면을 드러내도 괜찮은 사람을 만났다는 사실을 깨달으면, 연애는 더 즐거워진다.

다른 사람들이 실제로
어떻게 섹스하는가에 대한
우리의 견해는 모호하고 왜곡됐을
확률이 높다.
다행히도 우리는 너나없이
생각보다 훨씬 더 특이하다.

연애

그래, 내가 바람피웠어

연인이나 배우자가 바람피운 사실을 발견했을 때, 우리는 상대의 머릿속이 훤히 들여다보인다고 느낀다. 그런 일이 벌어진 이유는 뻔하다고, 그 사람이 못되고, 잔인하고, 지나치게 섹스를 밝히고, 사랑을 전혀 모르고, 아주 나쁜 인간이기 때문이라고 생각한다. 어쩌면 이런 믿음이 사실인지도 모른다. 그러나 전부 사실은 아닐 수도 있다. 여기서 문제는, 가장 원초적인 순간에 아주 강력하고 널리 인정된 가설과 맞서야 하는 것이다.

〰 **당신이 생각하는 것과 달라. 정말로 이건…….**

배신당한 사람은 실제로 벌어진 사건 때문에 괴로워하기도 하지만, 자기 머릿속으로 생각하는 사건의 의미 때문에 더 괴로워한다. 이럴 때는 무엇보다 상대가 다른 시각으로 상황을 보도록 유도해야 한다.

〰 섹스 때문이라고 생각하지? 그렇지 않아. 내가 당신을 이제 더는 사랑하지 않는다고 생각하지? 아니야, 사랑해. 내가 아주 몹쓸 인간이라고 생각하지? 그래, 당연히 나한테 부족한 면이 많아. 그래도 다른 면도 있지 않겠어?

끝없이 사과하는 게 좋을까? 결과적으로, 가장 효과적인 대응이 아닐 수 있다.

〰 정말 미안해. 그런데 미안하다는 말만 계속하면 우리는 이 일을 절대 극복 못 해. 물론 내 죄책감과 후회는 끝없이 깊지만, 그 너머로 당신이 이해했으면 하고 바라는 게 있어.

바람은 섹스와 연관되어 있지만 그 원인이 욕정에만 있는 경우는 오히려 드물다. 바람의 원인은 연대감의 부재 때문인 경우가 아주 많다. 주체할 수 없는 욕정에 휘말려서 방황하는 게 아니라, 연인이나 배우자와 단절됐다고 느꼈기 때문이다.

〰 그래, 다른 사람이랑 잤어. 하지만 내가 거기까지 가게 된 이유는 섹스가 아니야. 유치한 반항심 때문이지. 당신이 나를 이제 중요하게 여기지 않는다는, 우리가 이 관계를 잘 유지할

수 없다는, 화내거나 소리치지 않고는 서로 대화도 안 하게 됐다는, 무시무시하고 끔찍한 기분에 당신한테 반항한 거야. 절망한 나머지 분노를 잘못된 방향으로 표출한 거야. 욕정 때문이 아니야.

화가 많이 났지? 그럴 만해. 하지만 더 깊이 생각하면, 우리한테 지금 필요한 건 어떻게든 관계를 회복하는 일이야. 지금 당장 다 설명하겠다는 건 아니야. 그래도 언젠가 내 말을 들었으면 해. 왜 우리가 점점 멀어지고 있다고 느꼈는지, 의심과 절망이 시작된 이유가 뭔지 나중에 다 설명할게.
내가 잘했다는 건 아니지만 내 죄책감이 어디서 왔는지 설명할게. 그래, 내가 더 성숙한 태도를 취하려면 우리 문제를 솔직하게 말했어야 했어. 내 스트레스를 잘못된 방향으로 풀지 않았어야 했어. 이렇게 용서를 빌게. 다른 사람과 만났다는 걸 용서하라는 게 아니야. 우리 사이에 생긴 거리감에 대해서 내가 역효과가 나게끔 반응한 데에 용서를 빌어.

자기방어로 저지르는 악행은 개인의 성장 과정에서 비롯되기 마련이다. 대개 어린 시절에 답이 있다.

〰〰 나는 불만을 솔직하게 말하는 게 주제넘고 무례한 행동이라

고 배우면서 자랐어. 그래서 당신한테도 솔직하지 못했고 결국 잘못을 저질렀어. 나는 당신한테 감추려고만 했어. 내 고통스러운 상태를 감추고, 그다음에는 바람피운 걸 감췄어. 그렇지만 나는 과거를 어쩔 수 없는 운명으로 만들기는 싫어.

상대에게 영원한 사랑을 맹세하고 더 이상 말하고 싶지 않을 수 있다. 그래도 바람피우게 된 원인을 조금 더 이야기해야 한다. 그것이야말로 관계의 위기를 바로잡는 진짜 고상한 방법이다.

〜〜 당신이 참회하라고 하면 언제까지나 참회할게. 당신이 사과하라고 하면 언제까지나 사과할게. 그렇지만 우리 관계가 제대로 돌아가기 위해서 정말 필요한 건 죄책감만은 아니야. 지금은 우리가 너무 오래 모른 척하고 외면해온 문제를 제대로 이야기할 기회야. 우리는 왜 서로한테 이렇게 화를 내게 됐을까. 왜 서로한테 이렇게 실망하게 됐을까. 왜 대화도 없이 각자 속으로만 서로를 미워하게 됐을까. 내가 저지른 일을 회피하려는 게 아니야. 왜 그런 일을 하게 됐는지 원인을 이야기하고 싶을 뿐이야. 비겁하게 피하려는 의도가 아니야. 이런 상황이 또다시 벌어지지 않기를 진심으로 바라기 때문이야.

내가 저지른 잘못이 지금은 정말 미친 짓이고 당신한테 상처가 되는 일이겠지만, 우리가 이 대화를 성공적으로 마치면 내 잘못이 우리 관계의 독이 아니라고 생각될지도 몰라. 내가 그저 바람둥이 괴물만은 아니라는 점을 당신한테 증명하고 싶어. 나에게 그럴 기회를 줘. 나는 우리 사이가 다시 가까워지기를 늘 바라왔지만, 어떻게 해야 다시 가까워질 수 있는지 방법을 몰라서 멍청하게도 절망스러운 짓을 저지르고 말았어. 이번 일을 기회로 우리가 다시 가까워질 수 있다면 정말 좋겠어.

내 죄책감이 어디서 왔는지 설명할게.
내가 더 성숙한 태도를 취하려면
우리 문제를 솔직히 말했어야 했어.
내 스트레스를 잘못된 방향으로
풀지 않았어야 했어.

}

우리 친구 할래요?

✳ ＼ ○ ▷

연애하고 싶은 상대에게 고백하기가 힘들고 어렵다는 이야기는 수없이 많다. 그러나 친구가 되고 싶다는 말이 얼마나 힘든지 이야기하는 사람은 보기 드물다. 하지만 친구가 되자는 말은 연애하자는 말만큼, 아니 어쩌면 그보다 더 중요하다.

〰 **일전에 얘기 나눌 수 있어서 정말 좋았습니다.**

연애 감정이 전혀 섞이지 않고 정말 마음에 드는 사람을 최근에 만났다고 가정해보자. 그 사람의 유쾌한 장난기에 끌렸을 수도 있고, 현명한 말이나 감동적인 말 때문일 수도 있고, 생각에 잠길 때 눈을 가늘게 뜨는 습관이 마음에 들었을 수도 있다. 직접적으로 이유를 대가며 호감을 표현하지는 못하더라도 힌트는 줄 수 있다.

〰 **(춤추는 개와 자전거 이야기에, 결혼식 날 어머님께서 쓰고 오신 모자 이야기에) 아직도 웃고 있어요. (일요일 저녁에 느**

끼는 기분에 대한 이야기를, 사회적 에너지에 대한 견해를)
지금도 생각하고 있어요.
지금까지 많은 사람을 만났지만, 마음이 잘 맞는 사람을 만나
는 기회가 흔하지는 않죠.

우리는 성인이 되어 새로운 친구를 바라는 것이 어딘지
잘못된 일이라고 느끼기 쉽다. 이런 자기 내면의 장애물을 뛰
어넘어야 한다. 대학교에 입학했거나 새로운 곳으로 이사했
을 때는 친구를 사귀어야 할 시기로 인정하지만, 그 밖의 시
기에 친목의 범위를 넓히는 것은 적절하지 않은 일로 간주
한다. 조금이라도 흥미롭거나 재미있거나 사려 깊거나 다정
한 사람이 있으면, 대개는 그 사람 주위에 이미 친구가 충분
할 거라고 생각한다. 아주 좋은 사람이라도 외로울 수 있다는
생각은 미심쩍은 의심으로 치부된다. 그러나 사실, 아주 좋은
사람이라도 외로울 수 있다.

〰 다음에 또 식사 자리를 만들고 싶은데, 어때요?

양쪽 모두 상대가 나를 좋아하는지 아닌지 신호만 기다
리다가 두 사람의 관계를 우정으로 발전시킬 기회를 놓칠 때
가 많다. 아무도 먼저 나서려 하지 않는다. 압박감을 느끼는

상태에서는 '저 사람이 나랑 친구가 되고 싶을까?' 하는 의문에 기본적인 사고의 유연성도 잃어버리기 쉽다. 서로 친구가 될지 아닐지 여부는 내가 그 상대에게 어떻게 행동하는가에 달려 있다. 단순하게 생각하자. 사람은 누구나 자신에게 호감을 보이는 사람에게 호감을 느끼게 마련이다. 약간만 용기를 내고, 자신에 대한 깊은 의심과 거절당할지도 모른다는 두려움을 떨치면 얼마든지 내가 원하는 방향으로 상황을 만들 수 있다.

〜〜 그날 마지막에 했던 얘기가 정말 좋았어요. 제가 요즘 깨부수고 싶은 정신적인 장벽이 있는데, 조언을 좀 구하고 싶어요.

좋아하는 사람한테 어필하려면 아무 문제도 없는 완벽한 존재로 보여야 한다고 착각하기 쉽다. 그러나 상식적인 선에서 내 개인적인 문제를 슬쩍 내비치면, 상대는 자신의 능력과 지성을 발휘할 기회를 얻는다. 이렇게 약한 면을 조금 드러내는 것도 바람직한 대화의 기술이다.

〜〜 같이 꼭 얘기하고 싶은 게 있는데……

자신이 머릿속으로 정해둔 우정의 정의 때문에 새로운

우정을 쌓기 힘들 수 있다. 친해지려면 공통의 관심사가 있어야 한다는 생각이 딱히 잘못된 것은 아니다. 그렇지만 우리는 대개 '공통의 관심사'를 아주 한정된 영역에만 가두는 경향이 있다. 하이킹이나 골프를 통해 서로 친해질 수 있다는 점은 누구나 쉽게 납득한다. 그러나 이런 관심사를 더 넓은 영역까지 생각하지 못한다. 예를 들어 유년기 분석, 도시 건축 비판 등을 공통 관심사로 친해질 수도 있지 않은가. 우리는 살아가면서 '좋은 사람'을 계속 만난다. 흔히 생각하는 공통의 관심사에 머물지 않고 특이한 관심사를 찾으면 새로운 사람과 새로운 우정을 쌓아갈 수 있다. 이런 생각을 빨리 정립할수록 더 좋은 사람들과 함께하며 살아갈 수 있다.

사람은 누구나 자신에게 호감을 보이는
사람에게 호감을 느끼게 마련이다.
약간만 용기를 내고, 자신에 대한 깊은 의심과
거절당할지도 모른다는 두려움을 떨치면 얼마든지
내가 원하는 방향으로 상황을 만들 수 있다.

우정

더는 친구로
지내고 싶지 않아

더 이상 친하게 지내고 싶지 않다고 말하는 것은 요란하지 않지만 중대한 일이다. 이런 말을 하려 할 때 현실적인 장애물과 이론적인 장애물이 우리를 가로막는다. 현실적인 장애물은 뛰어넘기가 쉽다. 이론적인 장애물이 훨씬 더 어렵다. 상대방이 바라는 대로 계속해서 무한정 맞춰줄 의무는 없다는 사실을 받아들이는 게 제일 큰 도전이다.

우리는 선한 사람이라면 친구를 함부로 잘라내서는 안 된다고 배웠다. 조금이라도 도덕과 명예를 아는 사람이라면 한번 쌓은 우정을 영원히 지켜야 한다고 널리 인식되어왔다. 그러나 그런 헌신은 궁극적으로 자기 파괴적이며, 현실적이지도 않다. 좋은 우정이란 양쪽 모두 서로에게 확실한 흥미를 느껴야 유지될 수 있다. 우정을 '한쪽의 불편 없이는 존재할 수 없는 종신 계약'이라고 정의하면, 우정의 잠재력을 오히려 우습게 만들 뿐이다.

수십 년 전에 시작된 우정을 가정해보자. 아주 다정한 친구고, 함께 있으면 웃음이 끊이지 않았다. 책을 읽고 토론도 했고, 데이트할 때 겪은 희비극도 이야기했다. 그러나 인생은 흘러간다. 친구의 생각이 이제는 전처럼 흥미롭지 않고, 나는 새로운 연애도 시작했다.

예전에 친했던 친구를 이제는 나쁘게 봐야 한다는 의미가 아니다. 여전히 아끼고 좋아하지만, 이런저런 이유로 이제 더는 보고 싶지 않을 수 있다는 게 중요하다. 현명한 부모라면, 자식이 더 어렸을 적에 보인 흥미나 성격에 자식을 묶어놓으면 안 된다는 점을 알고 있다. 아이가 열네 살이 됐는데 열한 살 때 생각 그대로라면 그게 잘못된 일이다. 마흔 살이나 여든 살에도 마찬가지다. 친구가 장난감이나 그림책은 아니다. 그러나 어떤 면에서 발전의 도구이기도 하다. 우리가 이루고자 하는 바에 친구의 존재가 방해되면 정중하게 피해도 된다. 관계를 끝내고 싶다는 마음이 반드시 변덕이나 무정한 속물주의에서 비롯되는 것은 아니다. 이제 나는 더 이상 예전의 내가 아니라는 냉철한 깨달음에서 비롯될 수 있다.

잘못된 죄책감 때문에 자신의 생각을 밖으로 드러내지 않는 것도 문제가 될 수 있다. 친구가 남의 말이라면 아예 들으려고 하지도 않는 사람일까? 아닐 것이다. 내가 지나치게 예의를 차리려는 사람일까? 그렇다면 일이 까다로워진다. 속으로는 '왜 내가 이 사람을 만나야 하나' 하고 불평하면서 겉으로는 다정하게 행동하는 경우도 있는데, 이러면 상대방은 자신이 달가운 존재가 아니라는 사실을 알아차릴 수 없다. 용기를 내서 진실을 말해야 한다.

더 현실적인 예를 들어보자. 친구로부터 조만간 만나자는 연락을 받았을 경우에 두 단계로 반응할 수 있다. 우선, 생뚱맞더라도 친구와 함께했던 재밌거나 감동적이거나 따뜻한 추억을 이야기한다. 오래전에 처음 우정이 시작될 때 있었던 일을 꺼내는 게 가장 좋다.

〰 **이메일 정말 고마워. 그렇지 않아도 며칠 전에 우리 대학교 신입생 시절을 생각했어. 너희 부모님 차를 몰고 바닷가에 가서 밤새우며 이야기했던 거 생각나지? 학교가 정말 싫다, 정말 외롭다, 이런 얘기들을 했잖아. 바닷가 근처 허름한 식당에서 먹은 음식도 생각나. 달걀 프라이가 아주 맛있었고, 차도 달콤했지. 완벽한 밤이었어. 어느새 30년 가까이 지난 옛날이 됐네. 이제 정말 많이 달라졌어.**

이렇게 추억을 되새기면, 예전에 두 사람이 어떻게 친구가 될 수 있었는지 기억을 되살릴 수 있다. 이런 말을 듣는 친구는 생각하게 된다. '쟤가 아직 나를 잊지 않았구나. 아주 세세한 것까지 기억하고 있구나. 아직도 나는 중요한 사람이구나.' 그러면서 동시에 우정의 핵심을 똑바로 보게 만든다. 지금과 아주 다른 시기, 다른 장소에 우정의 핵심이 존재하며, 진짜 중요한 일들은 이미 오래전에 일어났을 뿐임을 드러내는 것이다. 이제는 두 사람 모두 아주 다른 사람이 되었다는 뜻을 은근히 전달할 수 있다.

그렇지만 여기에서 힘을 더 주어야 한다. 간결하고 확고하게 말하되, 이유를 딱히 밝히지 않는 게 중요하다. 그러니까 조만간 만나자는 제안에는 최대한 간단하게 대답하는 게 좋다.

〰 아쉽지만 시간을 못 내겠어.

이렇게 말하면 누구라도 그 뜻을 알 수 있다. 화낸 것도, 무심한 것도 아니다. 그렇지만 만나지 않겠다는 나의 결심은 분명히 드러난다. 앞으로 만나지 않겠다는 뜻을 전하는 것은 전혀 잔인한 일이 아니다. 두 사람을 자유롭게 풀어주고, 각자의 길을 가며 더 깊은 우정의 의미를 실천하게 할 뿐이다.

우리는 선한 사람이라면 친구를 함부로
잘라내서는 안 된다고 배웠다.
그러나 그런 헌신은 궁극적으로 자기 파괴적이며,
현실적이지도 않다.

}

사랑해

사랑해

친구와 연인은 어떻게 다를까? 이 둘의 차이를 정의할 때 완고하고 상상력 없이 구분하는데, 이것은 우리 사회의 작은 비극이다. 연인은 열정적이고 성적으로 사랑하는 사람을 뜻한다고 통한다. 친구는 많이 사랑하지만 지나치게 많이 사랑하지는 않는, 당연히 성적인 의도는 전혀 없이 사랑하는 사람으로 흔히 정의된다. 대개 사랑이라는 단어에서 육체적인 사랑을 당연히 떠올리기 때문에 이 모든 일이 더 복잡해진다.

그리하여 우리는 좋아하는 친구에게 사랑한다는 말을 하고 싶은 마음이 들 때 혼란을 느끼고 망설이게 된다. 어느 날 저녁을 같이 먹으면서 친구가 자기 일 이야기를 할 때, 갑자기 아주 대단하고 좋은 사람이라고 느껴질 수 있다. 여행을 떠나서 그린란드 상공을 날다가 갑자기 친구가 몹시 그리워지고 지금 옆에서 같이 이야기를 나눌 수 있으면 얼마나 좋을까 생각할 수도 있다.

그러나 안타깝게도, 우정에서는 사랑한다는 말이 쉽게 허락되지 않는다. 기혼이거나 성적 지향이 다른 친구에게 사랑한다고 말했다가 원하지 않는 성적 접근의 전주곡으로 해석되면 어쩌나, 사랑한다는 말을 들은 친구가 나랑 항상 같이 다녀야 하거나 늘 붙어 있어야 할 것 같아서 부담을 느끼면 어쩌나 겁이 난다.

이런 두려움에 맞서려면 우선 기본적으로 깨달아야 할 것이 있다. 존경하고 좋아하는 사람으로부터 사랑한다는 말을 듣는 것은, 가뜩이나 외롭고 실망스러운 세상에서 일어날 수 있는 가장 반가운 일이라는 점이다. 극성스러워 보일 수는 있지만 끔찍하게 느낄 리 없다.

〰〰 **이렇게 말하면 좀 이상하게 들릴 수 있어. 당황스러울 수도 있다는 거 나도 알지만……**

지금부터 꺼낼 이야기가 무엇이든, 상대에게 무리한 요구를 하려는 것은 아니라고 미리 살짝 알리면 나쁠 게 전혀 없다.

〰〰 **네가 나한테 얼마나 중요한 사람인지 생각해봤어.**

친구가 나랑 같이 있지 않을 때 나를 얼마나 생각할까? 이것은 친구 관계에서 알 수 없는 수수께끼다. 내가 친구와 함께 있지 않을 때 그 친구를 얼마나 많이 생각하는지를 기준으로 따져보자. 그러면 친구도 나에 대해 같은 마음일 거라고 추측할 수 있다. 감동적이고 훈훈한 깨달음이자, 살아갈 자신감을 주는 깨달음이기도 하다.

〰〰 나도 모르게 너를 생각할 때가 많아. 네 조언, 관점, 유머까지 전부 나한테는 의미가 아주 커.

친구의 애정 서열에서 나는 어디쯤 자리하고 있을까? 이것도 친구 관계에서 궁금할 법한 수수께끼다. 가장 친한 친구 순위에서 내가 상위 20위 안에 들까? 10위 안에? 8위 안에는 들까? 5위 안까지? 동창같이 정해진 범위 안에 있지 않은 한, 친구의 교우 관계를 완전히 알 수 없고, 내가 어느 위치에 있는지도 정확히 알 수 없다. 안타깝게도 우리는 친구의 애정 서열에서 자기 위치가 실제보다 훨씬 낮을 거라고 지레짐작하고 겁먹기 쉽다. 대부분 사람들은 자신의 가치를 스스로 낮춰 생각하기 때문이다.

〰〰 나도 친구는 많지만 너 같은 친구는 드물어. 세상에서 제일 좋아하는 친구가 세 명인데, 셋 중 하나가 너야.

이렇게 다정한 말을, 과연 병원에서 시한부 판정을 받은 뒤에야 전해야 할까?

〰 **우리가 아주 자주 만나지는 않지. 사는 게 참 바빠. 그렇지만 내 마음에서 네가 차지하는 비중은 우리가 만나는 횟수랑 상관없어.**

연인에게 품은 마음을 고백하는 것과 전혀 다르다. 그보다 훨씬 의미가 깊다. 아주 많은 방면에서 우리보다 현명했던 고대 그리스인은 사랑을 두 가지 단어로 나누어 사용했다. '에로스'는 성적 애정을, '필리아'는 친구나 동료, 인간에 대한 사랑을 뜻한다. 사랑이라고 하면 흔히 연인에 대한 애정을 떠올리지만, 친구를 향한 사랑은 더 깊고 더 충성스럽다. 오랫동안 헤어져 있던 나의 반쪽을 향한 플라토닉 러브다.

〰 **요전에 행복한 꿈을 꿨어. 너랑 아주 멋진 도시를 돌아다녔어. 베를린과 베니스를 합친 듯했어. 우리 둘이서 거길 신나게 탐험했어.**

우리 곧 만나기로 했지? 다른 친구도 한 명 부를까 생각했는데, 그냥 우리 둘만 보는 게 더 좋을 거 같아.

존경하고 좋아하는 사람으로부터
사랑한다는 말을 듣는 것은,
가뜩이나 외롭고 실망스러운 세상에서
일어날 수 있는 가장 반가운 일이다.

우정

네 성공을 못 견디겠어

두 사람의 우정이 처음 시작될 때는 상황이 비슷했다. 둘 다 아직 학생이거나 사회 초년생이었으므로 희망과 불안은 크게 다르지 않았다. 각자 자기 상사의 만행을 하소연하며 서로 위로했다. 같이 여행을 떠나 낡은 호텔에 묵고, 싼값으로 밥을 먹을 수 있는 식당을 찾아다니며 즐거워했다.

그런데 친구는 직장에서 일이 아주 잘 풀렸다. 성공을 자랑하지는 않아도 그냥 드러난다. 집들이에 초대되어 가보니 아주 멋진 새 아파트로 이사했다. 회의에서 발표해야 한다며 조언을 구하는데, 발표하는 자리가 나는 구경도 못 한 국제회의장 같은 곳이란다. 기뻐하고 축하해줘야 할 텐데 친구의 성공이 밉기만 하다. 내 인생이 한심해 보인다. 마음의 한 부분에서는 친구가 회사에서 잘리거나, 친구의 애인이 바람피우다가 들키기를 남몰래 바란다.

친구의 성공을 바라보는 내 감정에 좋아하는 마음도 함께 휩쓸려 사라진다. 이 문제를 해결하지 않으면 관계는 표류하게 된다. 친구를 앞으로 다시는 안 만나면 될까? 아니다, 그

건 해결책이 될 수 없다. 혼자 남아서 친구의 성공을 곱씹으며 계속 시달릴 테니까.

분한 기분이 든다고 솔직하게 말하면서 드라마처럼 싸우면 어떨까? 이것도 도움이 되기는 힘들다. 친구에게 '네 성공 때문에 괴롭다'고 알려봐야 상처받고 가슴 아플 사람은 나뿐이다. 그런다고 친구가 뭘 어쩔 수 있는 건 아니다. 기껏해야 두 사람 사이에 문제가 생겼다는 사실을 아주 안타까워할 뿐이다. 친구가 나를 괴롭히려고 성공한 건 아니니까. 그래도 나에게 도움이 되게끔 에둘러 말할 전략은 있다.

〰 **나는 요즘 조바심이 나. 내가 제자리걸음만 하는 것 같아. 네가 아주 큰 성취를 이루는 걸 옆에서 보다 보니 조바심이 더 생긴 거 같아.**

우리는 질투심을 느낄 때 자신만 속으로 느끼고 있다고, 다른 사람들은 까맣게 모를 거라고 생각하는 경향이 있다. 그러나 질투심은 갖가지 감정 중에서도 겉으로 잘 드러나는 감정이다. 상대에게 들통나느니 차라리 먼저 스스로 밝히는 게 낫다. 그렇게 스스로 밝히고 나면 자신이 질투심에 완전히 빠져 있지는 않다고 암시할 수 있고, 수치를 느낄 상황에서 벗어날 수 있다.

〜〜 **나는 나 자신한테 화가 나서 발을 구르다가 남몰래 질투하기 시작했어. 한심한 짓이라는 걸 알아. 내가 몰라서 놓치고 있는 게 있을까? 만약에 네가 나라면 어떤 면을 고치겠어?**

질투심을 이기려면 우선 다른 사람의 인생을 원하는 게 아니라, 내 인생을 조금 변화시켜서 내가 원하는 방향으로 살고 싶은 것임을 깨달아야 한다. 내 부러움의 대상인 사람들 각각에는 내가 그리는 미래의 퍼즐 조각이 들어 있다. 질투심이라는 쓰라린 감정 속에서도 조각들을 찾아내서 퍼즐을 완성하면 '진정한 자아'를 그릴 수 있다. 질투심을 불러일으키는 사람들을 떠올리며 마음속으로 근본적인 질문을 던져야 한다. 여기서 내가 무엇을 배울 수 있을까?

〜〜 **나는 요즘 질투라는 감정을 깊이 생각하고 있어. 질투를 느끼지 않는 사람은 아마 없겠지. 그런데 궁금한 게 있어. 너는 어떤 데에서 질투를 느껴?**

세상에 완전한 사람은 어디에도 없다. 그러니까 완벽해 보이는 친구도 질투를 느끼리라고 가정해도 전혀 비논리적이지 않다. 음흉하거나 잔인한 구석 없이 순수하게 친구가 누구를, 또 무엇을 부러워하는지 물어보자. 답을 듣는 것이 자신에게 큰 도움이 된다. 친구와 내가 동등하다는 기분을 어느 정도는 다시 느낄 수 있으며, 지금 어디에서는 나를 부러워하는 사람도 있다는 사실을 깨달을 수 있다.

〜〜 지금 하고 있는 일에서 어려운 점은 뭐야? 내가 생각하기에는 등산이랑 비슷할 거 같아. 높이 올라갈수록 힘들지?

성공의 부정적인 이면, 예를 들면 점점 더 커지는 실패 요소, 압박감, 이만하면 충분하다는 만족은 절대로 얻을 수 없다는 보편적인 사실 등등을 이야기하게 한다. (성공의 좋은 면은 아주 쉽게 상상할 수 있으니까.) 바깥에서 보기에는 화려하기만 한 삶도 정작 본인의 입장에서는 불안과 걱정, 갈등, 실망, 자기비판으로 가득할 수밖에 없다.

나보다 잘나가는 사람이 실제로는 어떤 상황에 처해 있는지 알고자 하는 시도는 야비한 일이 아니다. 성공한 친구의 삶에서 썩 좋지만은 않은 면을 이해하게 되면, 내 상황을 더 다양한 시각으로 바라볼 수 있다. 내 삶에서는 온갖 어려움을 보고 타인의 삶에서는 외적 성취만 보면서 비교하는 것은 공평하지 않다. 잘나가는 친구가 겪는 어려움을 듣고 나면, 내 삶에도 감사히 여길 일이 많다고 깨닫게 된다.

상대에게 들통나느니 차라리
먼저 스스로 밝히는 게 낫다.
그렇게 스스로 밝히고 나면
수치를 느낄 상황에서 벗어날 수 있다.

우정

덕분에 즐거웠어

✳ ＼ ○ ▷

우리는 살아가면서 감사 인사를 해야 할 상황과 끝없이 마주한다. 저녁 초대나 선물, 혹은 모임에 답하는 감사 편지를 간단하게나마 보내야 하는데 대개 밋밋하고 뻔한 메시지로 끝날 때가 많다. '좋았다', '멋지다', '최고였다'고만 말하면 거짓은 아니더라도 감동을 주거나 마음을 움직일 수는 없다.

　감사 인사를 더욱 효과적으로 보내는 데에 도움이 될 단서는 뜻밖의 분야에서 찾아볼 수 있다. 바로 예술이다. 그림과 시는 세상에 보내는 감사 편지. 봄날의 저녁노을, 동이 틀 무렵의 계곡, 늦가을의 나날, 사랑하는 사람의 얼굴에 보내는 감사 편지. 범작과 걸작은 세상을 탐구하고 묘사하는 수준에 따라 구분된다. 뛰어난 예술가는 어떤 경험이나 장소가 왜 값지게 느껴지는지를 우리에게 내보인다. 봄을 감상할 때 단순히 멋지다고만 말하지 않는다. 봄을 멋지게 만드는 특정한 요소들에 초점을 맞춘다. 갓난아기의 손처럼 부드러운 나뭇잎, 따뜻한 햇빛과 차가운 바람의 대조, 새끼 찌르레기의 애처로운 울음소리와 같은 수식을 활용한다.

작가가 일반적인 것보다 특정한 것에 더 집중할수록 우리 머릿속에서는 장면이 더 생생히 살아난다. 뛰어난 화가는 풍경을 바라볼 때 아름답다는 전반적인 느낌 아래로 더 깊이 파고들어 진짜 매혹적인 면을 선택하고 강조한다. 나뭇잎을 통과한 뒤, 도로에 생긴 물웅덩이에 반짝이는 햇빛을 그린다. 산 위쪽의 험준한 바위 경사면에, 혹은 산등성이와 골짜기가 멀리 펼쳐지며 이어지는 모습에 주의를 집중한다.

특히 더 마음에 와닿는 것이 무엇인지 스스로에게 아주 엄중히 물어본 뒤 가장 두드러진 느낌을 충실하게 작품으로 옮긴다. 우리가 예술가는 아니지만, 충분히 인상적인 메시지를 담을 수 있다.

인상적인 감사 메시지에 담겨야 할 요소는 다음과 같다.

～～

1. 틀에 박힌 표현을 깨트리는 과감성

두 분은 저에게 정말 소중합니다. 저는 나가서 사람들을 만나면 금방 지루해집니다. 집에 와서 양말을 벗으면서 이런 모임이 도대체 무슨 의미가 있나, 도대체 왜 이런 헛수고를 해야 하나 생각할 때가 아주 많아요. 하지만 댁에 초대받았을 때 말 그대로 완전히 반대되는 경험을 했습니다.

2. 과장법

덕분에 제 인류애가 되살아났습니다.

3. 분위기

파에야는 제가 지금까지 맛본 것 중에서 최고로 맛있었고, 그 자리에 함께한 분들은 최고로 다정하고 즐거웠습니다.

4. 자세한 묘사

쌀이 질척거리면 대체로 요리는 전부 엉망이 됩니다. 하지만 파에야는 쌀이 탱글탱글하고 풍미는 풍부하면서도 전혀 지나치지 않았습니다. 거기에 게를 조금 더해서 독특하면서도 뛰어난 맛이 났습니다.

5. 새로운 발견

아주 신선한 관점으로 세상을 보는 분과 저를 옆자리에 앉히신 것에서도 세심한 배려를 느꼈습니다. 그분이 제 신발로 재미있는 농담을 하신 덕분에 저도 즐겁고 모두가 즐거웠습니다.

6. 깊으면서도 간결할 것

저녁 모임을 준비하려면 품이 아주 많이 들죠. 두 분은 우아함과 다정함의 표본입니다. 두 분께 깊은 애정을 보내며 조만간 다시 만나기를 바랍니다.

칭찬은 최대한 구체적일 때에 제일 잘 통한다. 연애할 때를 떠올려보자. 연인이 내 장점을 더 구체적으로 말할수록 애인의 사랑을 더 생생하게 느낄 수 있다.

모임에 나를 초대한 사람, 나에게 선물을 보낸 사람도 다르지 않다. 이 사람들 역시 흔한 인사말보다 구체적인 칭찬에 목말라 있다. 위대한 예술가가 되어야만 효과적인 감사 편지를 보낼 수 있는 것은 아니다. 고마움을 느낀 아주 구체적인 이유 두세 개를 찾아내서 집중하면 된다.

칭찬은 최대한 구체적일 때에 제일 잘 통한다.
모임에 나를 초대한 사람,
나에게 선물을 보낸 사람도
흔한 인사말보다 구체적인 칭찬에 목말라 있다.

업무

}

내가 다 망쳤어

업무를 하다가 잘못됐을 때 실패를 긍정적인 경험으로 만들 방법은 무엇일까? 이는 살아가면서 반드시 필요한 지침이지만 안타깝게도 현실에서는 턱없이 부족하다. 사람이 하는 일에 실패는 언제나 함께한다. 실패에 생산적으로 대응할 에너지나 통찰력을 갖춰야 하지만, 대부분은 그러지 못한다. 전문적이고 완전무결한 사람으로 보이는 데에만 급급해서 노력을 기울이기 때문이다. 또한 절대로 실패하지 않겠다는 무모하고 불가능한 생각에 매몰돼 있기 때문이다. 실패의 여부는 전혀 문제가 아니다. 실패를 발전적으로 이용할지 안 할지가 문제다.

나쁜 실패에는 흔한 패턴이 있다. 내가 망쳤다는, 혹은 망칠 수도 있다는 사실 자체를 부정하는 것이다. 일이 잘못됐다고 확실히 밝혀져도 앞으로 시정해야 할 것들이 있다는 사실을 부정한다. 실수를 지적한 사람을 원망하며 못되고 비판적인 사람이라고 몰아붙인다. 아니면 허리를 90도로 꺾고, 죽을죄를 지었으니 제발 용서해달라고 빈다. 그래서 사람들이

'아예 실수를 지적하지 말걸' 하고 후회하게 만든다.

일을 망쳤을 때 더 현명하게 대처하려면 다음과 같은 요소들이 필요하다.

~~~

1. 확실하고 간결한 사과

인정합니다. 제가 잘못했습니다. 죄송합니다.

적어도 세상 사람들의 절반 이상은 방어적으로 반응하는 덫에 갇혀 있다. 완벽주의 행동 유형이다. 다시 말해, 자기 실수를 남에게 들키기를 극도로 꺼린다. 누가 잘못을 지적하면 자신의 특정한 행동 때문에 비판받는다고 생각하지 않고, 자기 존재 자체가 공격받는다고 생각한다. 서류에 여백을 더 주면 좋겠다는 말에 살아 있을 가치도 없다는 뜻으로 오해하며 듣는다. "8월 매출액이 조금 더 많았으면 좋았을걸요" 하는 말을 들으면 나가 죽으라는 의미로 생각한다. 그러므로 바람직한 사과를 할 수 있으려면 우선 건강한 자의식부터 갖춰야 한다. 사람은 누구나 실수할 수 있고, 실수해도 얼마든지 살아갈 권리가 있다.

2. 실패의 원인에 대한 구체적인 해명

제가 실수한 원인으로는, 지금 일하는 시스템이 원래는…….

거의 모든 실수는 어느 정도 조직에 원인이 있다. 이 원인을 밝히면 모두에게 도움이 된다. 바로잡을 기회가 생기기 때문이다. 회사의 간부들은 일이 잘못됐을 때 앞으로 어떻게 개선할지에 관심을 둔다. 실수의 세세한 이유에는 크게 관심을 두지 않지만, 실수의 원인을 파악하는 것이 앞으로 문제를 개선하는 데 도움이 되는 경우는 예외다. 이런 측면에서, 윗선에서 개선책을 찾는 데 도움이 될 만한 내용이라면 모든 문제를 상세히 이야기해야 한다.

3. 감정적 해명

솔직히 말씀드리자면, 집안에 이런저런 사정이 있어서 집중력이 떨어져 있었습니다.

우리는 흔히 좋은 직원이라면 모름지기 감정이 없는 로봇 같아야 한다고 여긴다. 감정으로 일에 지장을 초래했다고 인정하는 것은 사회생활에 부적격한 인물이라고 스스로 선언하는 셈이라는 생각에 사로잡혀 있다. 그러나 그런 생각은 '좋은 직장인'의 자질을 잘못 이해한 데에서 비롯된다. 좋은 직장인이란, 자기 감정의 잡음을 절대 인정하지 않는 사람이 아니다. 자신의 약한 면도 제대로 볼 줄 아는 사람, 자신이 가진 진짜 뛰어난 면을 충분히 이해한 상태에서 순간순간 생기는 감정에 솔직할 수 있는 사람이다.

정말 회사는 직원을 갈아 치우기에 혈안이 돼 있을까? 아니다. 기업의 입장에서는 이미 뽑아서 각종 교육 등에 자원을 쏟은 기존 직원을 발전시키는 것이 이득이다. 그러므로 직원은 회사에 자신을 계속 신뢰해도 좋다는 믿음을 주면 된다. 요점을 말하자면, 회사는 실수를 통해 배우고 성장하는 직원을 원한다.

~~

4. 교훈을 얻었다는 증언

이번 일을 교훈으로 삼아 저는 앞으로 세 가지를 고치겠습니다. 첫째……, 둘째……, 셋째…….

~~

5. 앞으로 나갈 능력

내주에 있을 회의에 대해 말씀드리자면…….

자칫하면 사과가 지나칠 수 있다. 용서를 애걸하거나, 내가 세상에서 제일 멍청한 인간이라고 반복해서 말하거나, 다시는 어떤 실수도 절대로 하지 않겠다고 맹세하면, 상황을 제대로 보지 못하는 사람으로 비칠 뿐이다. 눈물이 떨어진 매출을 되찾아주지 않는다. 절대 실수하지 않겠다는 약속은 뻔한 거짓으로 들린다. 성숙하고 유능한 사람임을 드러낼 가장 효과적인 방법은 무엇일까? 자리로 돌아가서 자신감을 잃지 않은 채 더 빈틈없이 일하면 된다.

성숙하고 유능한 사람임을 드러낼
가장 효과적인 방법은 무엇일까?
자리로 돌아가서 자신감을 잃지 않은 채
더 빈틈없이 일하면 된다.

업무

}

넌 이게 문제야

넌 이게 문제야

같이 일하는 사람이 '기술적인' 실수를 저질렀을 때에는 대개 확실한 태도를 취할 수 있다. 실수를 수습하는 과정이 성가시 겠지만, 같은 실수를 되풀이하지 않게 만들 방법은 쉽다. 바 뀐 건축 법규를 철저히 공부하게 만들거나, 데이터 입력 세미 나에 참석시키면 된다. 이런 기술적 실수에 대해서는 문제를 지적하거나 해결책을 제시할 때 감정적으로 대응할 이유가 없다.

그러나 심리적 영역이나 감정적, 혹은 개인적 영역에서 문제가 있는 직장 동료를 대해야 할 경우에는 상황이 완전히 달라진다. 회의에서 너무 독단적이다, 데오도런트를 너무 많 이 (혹은 너무 덜) 쓴다, 고객을 대할 때 너무 고자세다, 옹졸 하고 잘난 체한다, 조금이라도 부정적인 평가를 받으면 방어 적인 반응을 보인다 등등을 지적할 때에는 훨씬 힘들고 두렵 고 부담스러우며, 때로는 불가능하게 느껴지기까지 한다. 애 인이나 배우자, 혹은 친한 친구까지는 이런 문제를 제기할 수 있겠지만, 직장에서라면 확고한 불문율을 어기는 것으로 간주된다.

이럴 때는 상대방이 잔인한 비난의 대상이 돼서 악의 넘치는 지적을 받는 게 아니라고 믿게 만드는 것이 중요하다. 그런 믿음을 줄 가장 좋은 방법은, 내가 먼저 내 결점을 성숙하고 온화한 태도로 인정하는 것이다.

~~~ 내가 지난주에 또 멍청한 짓을 했어. 고객한테 요점을 이해시키려다가 불필요하게 흥분했지 뭐야. 비난받는다는 기분에 압박감을 느꼈나 봐. 자기방어적이 돼서 말도 안 되는 주장을 펼쳤어. 나한테 직접 뭐라고 말한 사람은 없었지만 나를 이상하게 보는 눈길은 느낄 수 있었어. 그 일을 다시 찬찬히 생각해봐야겠어.

＊＊ 씨 때문에 화가 머리끝까지 뻗쳐. 대화를 하다 보면 나도 모르게 웅얼거리다가 소신이라고는 전혀 없는 사람처럼 그냥 동의하게 돼. 어떻게든 바로잡아야겠어. 그런데 뭘 해야하지?

내 문제를 얘기한 김에 말하는데, 저기…….

우리가 자기방어적 태도를 취하게 되는 이유는, 상대의

말이 비판적으로 들리기 때문만은 아니다. 남에게서 비판적인 말을 듣고 있으면 주위 모두의 눈에 열등한 사람으로 비칠 것이라고 지레 생각하기 때문이기도 하다. 그러므로 동료에게 본론을 꺼내기 전에, 나도 역시 다른 사람의 비판을 받는다고 자신의 위치를 확고히 드러내는 것이 핵심이다. 똑같은 결점이 있다고 말하라는 뜻이 아니다. 나 역시 당신과 비슷하게 심각하고 비슷하게 창피할 만한 결점이 있지만, 그래도 이해받고 용서받았다고 말하는 것이다. 이때 언급해야 할 '나의 결점'은 과거형이 아니라 지금 안고 있는 문제여야 한다. ("나도 그런 문제가 있었어"라는 말을 들으면 참담한 기분이 든다. 그리고 잘난 체하는 것으로 보여서 화가 나기도 한다.) 또한, 나의 문제를 알고 있으면서도 동시에 앞으로 나아갈 길을 열심히 찾고 있는 듯이 보이는 것도 도움이 된다.

〰 **나는 누가 나를 비판할 때마다 '사실이 아니야. 네가 그냥 못된 사람이라서 나한테 못된 말을 하는 거야'라고 생각했어. 흔히들 감정적으로 받아들이지 말라고 하지. 나도 알아. 하지만 막상 비판적인 말을 들으면 무지 애쓰지 않는 한 감정적으로 받아들일 수밖에 없어.**

아침에 옷 고르기가 너무 힘들어. 스마트하게 보면서도 편한

옷이면 좋겠어. 나도 내가 종종 단정하지 않아 보이는 거, 심지어 너절해 보일 때도 있는 거 알아. 이런 기분 느낀 적 있어?

개인적인 영역의 잘못은 기본적으로 고의가 아니라 무의식중에 저지르기 마련이다. 대부분의 사람들은 다른 사람의 개인적인 문제를 지적하지 않는다. 그 사람한테 문제가 없기 때문일까? 아니다. 감정적으로 노력을 기울이면서 문제를 지적할 만큼 상대에게 관심이 있지는 않기 때문이다. 개인적인 문제점을 지적할 때 대단한 강의를 해야 하는 것은 아니다. 문제점을 향해 살짝 윙크만 해도 당사자에게는 평생 기억될 만큼 충분하다. 지적받은 사람도 언젠가는 자신이 놀림을 받거나 무시를 당한 게 아니라고, 오히려 선물을 받았다는 사실을 깨달을 것이다.

다음과 같은 안내문이 붙어 있으면 이상적인 사무실이라고 할 수 있지 않을까. "여기 있는 사람 누구나 개인적인 문제점이 하나씩 있습니다. 하지만 저는 예외입니다. 저는 문제점이 하나가 아니라 여러 개입니다."

여기 있는 사람 누구나
개인적인 문제점이 하나씩 있습니다.
하지만 저는 예외입니다.
저는 문제점이 하나가 아니라 여러 개입니다.

업무

주말 잘 보냈어?

직장 생활은 까다롭다. 일에 집중하는 효율적인 모습과 다정하고 인간적인 모습 사이에서 아슬아슬하게 균형을 잡으며 나아가야 하기 때문이다. 이런 원칙은 직장에서 마주하게 되는 몇 가지 질문에 대답할 때 특히 중요하다. 피할 수 없는 대표적인 질문으로는 "주말 잘 보냈어요?"가 있다. 이런 질문에 어떻게 대응하는가는 까다로운 타협과 사회적 위선에 얼마나 잘 적응했는지 알려주는 작지만 핵심적인 지표다.

이런 질문은 친한 친구나 상담사한테서도 받을 수 있으며 카페에서 혹은 상담실에서, 주말에 배우자와 문제가 있었다고 이야기할 수 있다.

"섹스 횟수가 전보다 훨씬 줄어든 게 발단이 돼서 말싸움을 크게 벌였어. 앙금이 남은 상태로 토요일 아침에 주방을 보니까 너무 지저분해서 잔소리 좀 했다가 또 싸웠어. 토요일 저녁에 부부 동반 모임이 있었는데 결국 나 혼자 갔어. 일요일 오후가 되니까 결혼 생활에 의문이 들더라. 직장 생활에도 회의가 들었어. 내 성장 과정에 무슨 문제가 있었나? 아니, 인생이 원래 잔인한 농담일까? 게다가 일요일 점심에 먹은 새우 샌드위치 때문에 배까지 아팠어. 너는 어때? 주말 잘 보냈어?"

회사에서 오전 9시 반에 영업부 직원을 상대로 이런 이야기를 늘어놓기 시작하면, 주말을 잘 보냈느냐는 질문을 던진 상대의 호기심과 호의의 한계를 넘어서서, 수다스럽고, 세상 물정 모르고, 무섭고, 우울한 이기주의자로 낙인찍히게 될 것이다. 직장에서 전문적으로 보이고 싶다면 인간의 복잡한 면에는 단호히 입을 닫아야 한다.

예의상 던지는 질문을 경멸하며 아무 대꾸도 하지 않는 반응을 보일 수도 있다. 마치 부적절한 말을 들은 듯 동료를 바라보며 "그걸 왜 물어보죠?"라고 싸늘하게 되물을 수도 있다. 반대로 동료에게 주말을 어떻게 보냈느냐고 물어봤다가 마치 토요일 오후의 알리바이를 심문하는 경관이라도 된 듯한 취급을 받을 수도 있다.

이렇듯 직장 생활에는 특별한 노력이 필요하다. 우리는 온전한 자신의 모습대로 있을 수 없지만 그렇다고 해서 완전히 얼굴 없는 존재로 지낼 수도 없다. 직장이란 연령도, 배경도 각양각색인 이방인들이 각자 자신의 이익을 위해 모여 있는 집단이다.

그럼에도 불구하고 서로를 다정하게 대하고, 상대의 입

장을 이해하고, 공감해야 한다는 것이 사회적 약속이다. 타인에게 신경 써야 하는 동시에 정말로 신경을 쓰지는 않아야 하는 것이 우리에게 주어진 역할이다. 마치 춤을 추는 것과 같은데, 겉과 속이 같고 진실해야 한다고 믿는 사람에게는 너무나 힘든 일이다. 내면에서 무슨 일이 벌어지는지, 새 강아지는 요즘 어떤지, 연애가 어떤 상태인지는 업무와 전혀 연관이 없다. 그렇지만 업무 관계자들의 현실에 속하기 때문에 무관하지만도 않다. 직장 동료의 개인적인 면에 관심을 보이되, 그것으로 그 사람을 결정짓지 않아야 한다.

동료에게 주말을 어떻게 보냈느냐고 묻는 질문이 완전히 가짜는 아니다. 즉 묻는 사람이 스스로도 무의미하다고 느끼는 허례허식을 그냥 따르는 것은 아니다. 그 사람은 나에 대해서 뭐라도 알고 싶은 것이다. 질문의 요점을 이해하면 대답을 잘 조정할 수 있다.

동료가 내 개인 생활을 세세히 알려 하는 것은 아니다. 그렇지만 깊이 파고들지 않는 한에서 의례적으로 나누는 대화는 큰 기능을 수행한다. 그런 대화는 대인 관계를 인식하는 수단이다. 타인이 처한 상황의 윤곽이 드러나며, 따라서 비상 상황이 생기면 누구를 호출할지, 그 사람의 행동에서 무엇을 추측하면 될지 알 수 있다. 또한 상대방의 성격을 대충 짐작할 수 있다. 집단 속에서 그 사람을 어떻게 맞춰야 할지, 위기 상황에 어떻게 반응할지, 얼마나 경쟁력이 있는지 혹은 믿을 만한지 알 수 있다. 의례적인 대화에서 질문을 던지고 대답하는 것은 차가운 이익사회의 반경 안에서 서로 예의를 지키겠다고 약속하는 신호다.

〰〰 **저는 아주 잘 보냈어요. 친구들이랑 바닷가에 갔어요. 일상에서 멀리 떨어져 있으니 좋았어요. 주말 잘 보내셨나요?**

현대 자본주의는 두 가지 모순된 방향으로 작동해왔다. 자본주의 사회에서 우리는 냉혹하고 무자비한 환경에서 경제적 생존을 위해 경쟁하는 개인이다. 한편, 회사라는 집단 안에서는 직원의 정신 건강과 심리적 안녕이 작지만 중요한 성공 요소로 작용한다.

직장 동료가 자신과 친하게 지내지 않는다고 원망하고 미워해서는 안 된다. 그렇지만 직장 동료를 친구로 생각하는 실수도 저지르지 않아야 한다. 직장 세계에서 우리는 인간과 도구 사이 아슬아슬한 중간 지점에 서 있을 수밖에 없고, 그런 직장 세계의 생리를 이해하고 받아들여야 한다.

〰〰 **이번 주말에 재밌는 계획 있어요?**

우리는 온전한 자신의 모습대로 있을 수 없지만
그렇다고 해서 완전히 얼굴 없는 존재로
지낼 수도 없다.
직장이란 연령도, 배경도 각양각색인 이방인들이
각자 자신의 이익을 위해 모여 있는 집단이다.

지금 당장 해!

당장 마감이 닥쳐오고 당신의 팀은 맡은 임무 중 가장 중요한 부분에서 아직 진척을 거두지 못하고 있다. 팀원들한테 얼른 집중해서 일하라고 다그치고 싶다. 엄격하게 통제하며, 필요하다면 감시까지 하면서 일을 끝마치게 하려는 유혹을 강하게 느낀다.

그러나 여기 큰 문제가 있다. 팀원들에게 위압적으로 요구하면 능력을 해치기 쉽다. 팀원들은 안절부절못하고 사기가 꺾인다. 필요한 만큼 집중력과 기운을 내지 못해서 자꾸 실수를 저지른다. 팀원들에게 미움을 사는 것도 문제다. 팀원들은 나를 같은 팀원으로, 도와야 할 존재로 보기보다 원망스러운 폭군으로 보기 시작한다.

머리를 써야 하는 작업일수록 상황은 더욱 나빠진다. 극단적으로 말하면, 바위를 쪼개거나 나무를 베는 일은 총구로 위협해서라도 시킬 수 있다. 오래전 노예들을 부려서 배를 운항했던 사람들은 팀 윤리를 걱정하지 않았다. 수천 년 동안 조직 관리는 채찍을 써서 이루어졌다. 그러나 오늘날에는 직원을 불만에 빠뜨릴 만큼 못되고 성급하게 굴어서는 회계 장부의 오차를 발견하거나, 머리에 쏙 들어오는 카피를 만들거나, 우아하고 세련된 원피스를 디자인하도록 이끌 수 없다. 부담과 불안과 걱정이 크면 클수록, 창의적이고 섬세한 능력을 발휘하기 어렵다. 이론적으로는 사람들을 위협해서 일을 마치게 만들 수 있을지 모르지만, 실제로는 그렇게 돌아가지 않으며 아무런 도움이 되지 않는다.

〰 **먼저 이렇게 얘기하는 걸 양해하세요. 내가 예민한 사람으로 보일 수 있다는 거 알아요. 그렇지만 프로젝트가 어떻게 진행되고 있는지 궁금하군요. 본인은 모를 수도 있지만, ＊＊ 씨한테 거는 기대가 커요. 우리 팀에서 ＊＊ 씨 역할이 아주 중요해요. 내가 조바심 내고 있는지도 몰라요. 이미 머릿속으로 다 계획하고 있는지도 모르지만, 약속한 마감에 맞출 수 있다는 확답을 들으면 내 마음이 아주 편하겠어요. 그럼, 시간 날 때 언제라도 답신 주세요. 기다릴게요. 고맙습니다.**

언뜻 보기에는 직장 사회와 연관이 없어 보이는 데에서 전략과 어휘를 가져올 수 있다. 바로 '외교'다. 외교는 전쟁의 참상을 긴급히 막기 위해 시작됐고 지금까지도 계속해서 발달하고 있다. 강요하기보다 달래고 격려할 수 있다면 도시들이 점령되고 전장에서 군인들이 죽는 일을 피할 수도 있다. 외교에서는 '아마도'나 '어쩌면' 같은 표현이 많이 쓰인다. 상대로부터 강요된 찬성이 아닌 자발적인 찬성을 끌어낼 여유 공간을 만들 수 있기 때문이다. 비판하기보다 칭찬하며, 위압적으로 요구하기보다 넌지시 비춘다. 비겁하거나 나약하기 때문에 그런 대응을 취하는 게 아니다. 원하는 결과를 얻기 위해 다른 방법을 써봤지만 실패한 끝에 뼈아픈 교훈을 얻었기 때문이다.

누구나 큰 걱정에 빠지면 융통성이 없어지며, 이미 알고 있던 것도 잊어버리기 마련이다. 스스로 원해서가 아니라, 강요를 당하면 긍정적으로 반응하지 않는 것 역시 누구나 마찬가지다. 사랑받고 인정받는다고 느껴야 지적 능력이 최대한 발휘되고 의욕도 높아진다. 안정된 상태에서는 힘든 줄 모르고 좋은 아이디어를 구상할 수 있다. 응원을 받으면 최선을 다할 수 있다. 상상력과 통찰력이 발휘되고, 더 기운차게 일할 수 있다.

적확하고 타당한 메시지를 들려준다고 해서 듣는 사람이 반드시 적절하거나 올바르게 행동하지는 않는다. 이것이 짜증스럽지만 크고 중요한 인간의 조건이다.

어처구니없는 생각을 비꼬아서 짓누르려고 하면 오히려 역효과가 난다. 지적당한 사람은 거기에 더 매달리고 매몰

된다. 멍청하다는 말을 듣는다고 해서 합리적이고 현명하게 행동하게 되지는 않는다. 자식에게 "양상추가 심혈관에 좋대. 영양학자들이 증명했어. 양상추를 안 먹으면 핸드폰 압수할 줄 알아" 하고 말하며 강요하면, 아이는 평생 채소를 싫어하게 된다. 교사가 실수한 학생을 공개적으로 야단치면, 학생이 잘못을 교정할 기회는 크게 줄어든다.

〰 **굳이 걱정할 필요가 없는 건 나도 알아요. 지금도 아주 잘하고 있어요. 그래도 프로젝트가 예정대로 진행되고 있는지 여유 있을 때에 나한테 귀띔해주면 좋겠어요. 그러면 내가 걱정을 싹 잊을 수 있겠죠. 늘 그랬듯 이번에도 아주 훌륭하게 해내리라 믿어요.**

오늘이 다른 목요일과 다름없이 괴로운 목요일 오후라고 느낄 수 있지만, 다른 사람이 받아들이려 하지 않는 진실을 그 복잡한 머릿속에서도 유용하고 멋진 것으로 느끼게 만드는, 영예롭고 끝없는 투쟁에 참여하고 있는 것이다.

사랑받고 인정받는다고 느껴야
지적 능력이 최대한 발휘되고 의욕도 높아진다.
상상력과 통찰력이 발휘되고,
더 기운차게 일할 수 있다.

업무

}

당신 해고야

말을 꺼내기 불편한 상황을 떠올려보자. 단어를 아주 능숙하거나 조심스레 골라야 해서 불편한 때가 있고, '이런 말을 해도 될까?' 하는 의구심을 떨칠 수 없어서 불편한 때도 있다.

　다른 사람에게 해고를 통지하기 힘든 것은 스스로가 좋은 사람으로 보이고 싶기 때문이다. 불편하지만 반드시 말해야 할 때 느끼는 어려움에 대처하려면 우선, 중요하지만 곧잘 무시되는 질문을 스스로에게 던져야만 한다. 어떤 사람이 좋은 사람인가?

　이 질문을 던지는 일이 드문 이유는 이미 답이 확실하다고 느끼기 때문이다. 그 답이란 '타인에게 행복을 주는 사람'이다. 우리는 다정하고, 주위 사람들의 감정과 요구에 너그럽고 친절한 사람을 좋은 사람이라고 판단한다. 이 답은 어린 시절부터 끝없이 강화돼왔다. 그림책에 등장하는 악당은 타인의 문제에 더 관심을 기울일 때에 비로소 좋은 사람이 되는 법을 배우는 것으로 묘사된다. 못된 등장인물이 연민과 공감을 느끼고 마침내 다정해진다.

직원을 해고할 때 끔찍한 기분이 드는 이유가 바로 여기에 있다. 해고를 당하면 괴롭다는 것을 우리는 잘 알고 있다. 당하는 사람은 모욕감을 느낀다. 억울하고 서러워 울기도 하고, 비인간적이고 부당하다고 따지며 화낼지도 모른다.

하지만 다른 의미의 '좋은 사람'도 있다. 이 다른 의미의 좋은 사람은 현실에서 아주 중요하지만 그만큼 주목받지는 못하고 있다. 바로 우수하다는 의미에서의 좋음이다. '좋은 선수'라고 불리는 테니스 선수를 예로 들어보자. 거의 변함없이 상대편 코트로 정확하게 공을 때리면 좋은 선수로 불린다. 하지만 대결 상대에게 딱히 다정하거나 부드럽지는 않을 수 있다. 대부분의 스포츠에서 한쪽의 승리는 다른 쪽의 좌절, 실망, 분노가 된다. 좋은 테니스 선수가 상대에게 모욕을 주려고 작정하는 것은 아니다. 이유 없이 잔인한 것도 아니다. 코트에서는 착하다는 의미의 좋은 사람이 아니라, 다른 의미의 좋은 사람이 되는 데 집중할 뿐이다.

착하다는 뜻에서 '좋은 사람'과 우수하다는 뜻에서 '좋은 사람'의 구별은 팀을 꾸리려고 사람을 뽑을 때에 작용하기도 한다. 학교 수영부에 들어가기로 마음먹은 아이가 있다고 치자. 이 아이는 평소 연습을 많이 하고, 이미 선수로 선발된 다른 아이들과 친하게 지낸다. 그러나 수영 실력이 좋지 않다면 선발 선수로 뽑힐 수도 없고 뽑혀서도 안 된다. 그 아이를 뽑지 않는 것은 아이의 감정에 무관심해서가 아니다. 뛰어난 팀을 만들어야 하기 때문이다.

이런 프로세스는 해고할 때에도 일어난다. 나쁜 사람이라서 해고되는 게 아니라 그 일에 맞지 않아서 해고되는 것이다. 역량이 안되는 사람을 해고하는 사람은 좋은 사람이다. 착해서 좋은 사람이 아니라, 일을 훌륭하게 해내려고 최선을 다하기 때문에 좋은 사람이다.

상사나 대표의 자리에 있으면 감상적이 될 수 없는 고충도 떠안아야 한다. 양립할 수 없는 두 가지를 다 좇으며 선택을 회피할 수는 없다. 사회는 여러 면에서 감상적이다. 예를 들어, 치킨 샌드위치를 맛있게 먹는 사람이 공장처럼 돌아가는 도축장 광경에 공포에 질려 뒷걸음칠 수 있다. 양질의 제품과 서비스를 저렴한 가격에 받기 원하지만, 그 이유 때문에 사람들이 해고되는 것은 싫어한다. 상사나 대표의 자리를 맡는 것은, 샌드위치 가게와 도축장을 한꺼번에 운영하는 것이나 마찬가지다. 좋은 일이지만 전혀 착하지는 않은 일을 해야만 한다.

실제로 만나서 해야 할 말은 아주 간단하고 빠르고 직접적이어야 한다. (반창고를 뗄 때 살살 떼겠다면서 천천히 조금씩 떼면 아픈 시간만 늘어날 뿐이다. 단번에 확 뜯어내서 잠깐 아프고 빨리 끝나는 게 낫다.)

〜〜 아쉽지만 우리 회사와 더 이상 같이하지는 못하겠어요. 모두 ＊＊ 씨를 아주 좋아하고 존경합니다. 그렇지만 우리 팀은 새로운 방향으로 가야 해요. 이 상황이 얼마나 괴로울지 저도 압니다. 지금은 아니라도 언젠가는 이 결정이 개인적인 감정 때문이 아니라는 걸 아시게 될 겁니다.

해고를 통지할 때 겪는 어려움은 적절한 단어를 찾는 데 있지 않다. 해고를 통지한다고 해서 잔인하고 나쁜 사람이 되지는 않으며, 조금 다른 '착한 사람'으로 갈 뿐이라는 진실을 깨닫는 것이 어렵다.

나쁜 사람이라서 해고되는 게 아니라
그 일에 맞지 않아서 해고되는 것이다.
역량이 안 되는 사람을 해고하는 사람은
좋은 사람이다.
착해서 좋은 사람이 아니라,
일을 훌륭하게 해내려고 최선을
다하기 때문에 좋은 사람이다.

가족

}

실망시켜서 미안해

장성한 자식을 둔 부모에게 가장 끔찍한 일은 무엇일까. 바로 세상에서 가장 사랑하는 자식에게 오랫동안 큰 상처를 주었고, 그런 상처를 준 이유가 그저 자신의 스트레스와 자아도취, 아둔함 때문이었다는 사실을 깨닫는 것이다. 아이는 태어날 때부터 부모를 필요로 한다. 부모가 이성적이고 다정하고 상냥하면 좋겠지만, 그렇지 않은 부모와 살더라도 어린아이들은 부모에게 무슨 문제가 있는지 깊이 생각하지 못한다. 자식은 상처를 안은 채 독립해서 떠나고, 부모가 서투르게 화해를 시도할 때 퉁명스레 반응한다. 이렇듯 자식은 결점 있는 부모에게 시간을 더 내어주거나 복잡한 연민을 느끼지는 않으며, 그래서 부모는 더 괴롭다.

하지만 그대로 끝내고 싶지 않은 부모도 있다. 그런 부모라면 자세히 말할 기회를 어떻게든 찾고 싶으리라.

〰️ **요즘 무지 바쁠 텐데 방해해서 미안해. 나는 너의 모든 게 자랑스러워.**

일에 방해될 걸 알면서도 이렇게 말을 꺼내는 건, 우리가 한 번도 같이 얘기한 적 없지만 늘 마음에 걸렸던 일을 들려주고 싶기 때문이야. 너와 나 사이, 더 넓게는 우리 가족 안에서 계속된 문제 말이야. 말로는 결코 다 표현하지 못할 만큼 미안해. 이런 말을 꺼낸다고 해서 상황이 바뀌기를 기대하는 건 아니야. 내가 얼마나 후회하는지, 얼마나 너를 사랑하고 걱정하는지 전하고 싶을 뿐이야. 네가 마음의 짐을 내려놓고 자유로워지기를 정말로 바라고 있다는 것도 알아주면 좋겠어.

상상하기 힘들겠지만 네가 어릴 때 엄마 아빠도 아주 미숙했어. 적어도 심리적으로는 그랬어. 우리 자신에 대해서, 서로에 대해서 이해할 수 없는 게 너무 많았어. 우리도 각자 복잡한 가정에서 자랐고, 이상적인 짝은 아니었어. 서로에게 관대하지 못하고 짜증을 냈어. 그게 점점 더 심해졌어. 말하기 껄끄러운 것들을 제대로 표현하는 방법도 몰랐어. 그냥 눌러 참고 속에 담았다가 엉뚱한 데에서 나쁜 방식으로 폭발했지. 너한테 영향이 가지 않게 하려고 무지 노력했지만 결과적으로 보면 우리의 노력이 부족했네. 내가 신경질 부리는 모습을 많이 봤지? 네가 그런 모습을 보며 자라게 한 건 다 내 잘못이야. 너를 세상에 태어나게 한 것이야말로 우리 인생에서 제일 잘한 일이야.

일을 해도 전혀 편해지지 않았어. 당시에 얼마나 힘들었는지 상상도 못 할 거야. 나는 너무 많은 시간을 직장에 바쳐야 했어. 처음에는 그렇게 많은 시간을 일에 쏟고 싶지 않았어. 몇 주 내내 가정에 소홀할 수밖에 없던 때도 많았어. 이제 와서 네가 이해하기를 바라는 건 아니야. 용서를 바라는 건 더더욱 아니야. 다른 방식으로 생활을 꾸릴 수도 있었지. 그렇게 한 사람들도 있고. 하지만 나는 그러지 못했어. 상상력이 부족했고, 겁먹었고, 고집스러웠어. 그리고 융통성 없이 책임감만 생각하면서 거기에 매달렸어.

교육 문제에 있어서도 상상력이 부족했어. 너는 틀림없이 내가 성적에만 집착한다는 인상을 받았을 거야. 하지만 꼭 그렇지는 않았어. 나는 그저 걱정이 됐고, 그래서 네 성적에 조바심을 냈어. 나한테 중요한 건 네 행복이야. 나는 늘 그렇게 느꼈어. 정말이야. 그렇지만 그걸 제대로 인식하고 실천하기에는 내 시야가 너무 좁았어.

지금 이 얘기를 다 이해할 필요는 없어. 나는 세상 그 누구보다도 자식 덕분에 자랑스러운 사람이라는 사실만 네가 알면 돼. 나는 문제가 많은 사람이야. 그러니까 네가 나를 부정적으로 생각하는 것도 충분히 이해해. 단지 내가 이 모든 일을 깨닫고 있다는 걸, 이 상황을 좋게 만들도록 최선을 다하겠다는 걸 알아주기만 바라. 설사 그게 이제 입을 다물고 너를 떠나는 일이라도, 나는 최선을 다할 거야.

의무감에 나를 보러 오는 건 바라지 않아. 네가 오고 싶을 때, 거리끼는 게 하나도 없을 때 오면 돼. 언제라도 기다리고 있을게. 너를 정말 사랑해.

자식은 부모를 완전히 이해하지 못하며, 이해해서도 안 된다. 그래서 자식은 부모를 고통받기 쉽고 나약한 보통 인간으로, 사람이라면 누구나 저지를 수 있는 큰 실수에 예외가 아닌 평범한 인간으로 보지 못한다. 내가 자식을 사랑하는 만큼 자식도 나를 사랑하기를 바라는 것은 평생 이룰 수 없는 꿈이다. 그래도 괜찮다. 자식에게 앞과 같이 말할 용기를 낼 수 있다면 지금보다 훨씬 더 가까워질지도 모른다.

너한테 영향이 가지 않게 하려고 무지 노력했지만
결과적으로 보면 우리의 노력이 부족했네.
내가 신경질 부리는 모습을 많이 봤지?
네가 그런 모습을 보며 자라게 한 건 내 잘못이야.
너를 세상에 태어나게 한 것이야말로
우리 인생에서 제일 잘한 일이야.

나 화났어

우리는 부모 때문에 화가 나면 그 분노가 거북스럽고 충격적인 감정이라고 느낀다. 아기는 부모에게 짜증을 내도 괜찮다. 사춘기 자식은 부모에게 조금 부루퉁한 얼굴을 보여도 괜찮다. 그러나 성인이라면 모름지기 부모와 다정하고 호혜적인 관계를 맺어야 한다는 게 상식으로 통한다. 이런 메시지는 사회적으로 점차 강화된다. 명절, 생일, 어버이날 등 부모와 함께해야 할 상황이 사회적으로 약속된다. 그러나 이런 요구를 무거운 억압으로 느끼는 사람도 있다. 부모 앞에서는 응당 웃는 얼굴을 보여야 한다고 흔히 말하지만, 이런 사람들은 부모 앞에서 웃을 수 없다. 이른바 '보통 사람'이 부모에게 쓰는 카드 속 평범한 글귀도 쓰지 못한다. 부모와 함께 앉은 식탁에서 뻣뻣하게 몸이 굳는다. 명절을 맞아 부모님을 찾아가서도 얼른 자기 집으로 돌아가고 싶어서 안절부절못한다. 부모와 가벼운 대화를 나누는 것도 버겁다. 이런 사람들도 부모가 자신을 사랑한다는 것을 알고 있으며, 부모를 사랑하기는 한다. 그러나 부모와 한 지붕 아래 있기조차 힘들다. 죄책감과 억압을 동시에 느낀다. 전화는 아주 드물게 건다. 부모가 세상을 떠나는 날에는 괴로움에 큰 충격을 받겠지만 적잖게 안도감도 느낀다.

이런 분위기를 일소할 방법이 있을까? 부모를 피하는 사람이라면 어린 시절에 뿌리가 있는 그 이유를 부모에게 솔직하게 설명할 순간을 간절히 바랄 것이다. 무의미한 엽서를 보내는 대신, 한 번이라도 불편한 진실을 부모에게 말해야 하지 않을까. 자신의 감정을 명확히 다듬고, 부모에게 말할 용기를 내기까지는 시간이 아주 오래 걸릴 수도 있다.

〰️ **지금부터 제가 하는 말이 이상하게 들릴 수도 있을 겁니다. 그렇지만 저로서는 오래전부터 하고 싶던 말입니다. 이 말을 들려드리는 것을 혼자 늘 상상했어요. 하지만 실행한 적은 없죠. 제가 엄마 아빠를 많이 사랑하고, 이런 말이 두 분께 상처가 될 수도 있기 때문이에요. 그리고 제 안에는 아직 엄마 아빠를 두려워하는 구석이 있기 때문이기도 해요.**

부모에 대한 불만은 사람마다 모두 다르다. 그래도 아래의 예에서 자신과 관련지을 만한 것들을 찾아볼 수 있으리라.

〰️ **가끔 저 때문에 실망하셨죠? 저도 알아요. 그렇지만 저도 부**

모님 때문에 실망한 때가 있었어요. 여러 면에서 저는 참 많은 걸 받으며 자랐어요. 저보다 훨씬 덜 받으며 자라는 아이도 많죠. 그렇지만 저는 순수하게 인정받고, 솔직한 애정 표현을 듣고, 제가 정말로 중요한 사람이라는 느낌을 받고 싶었어요. 지금은 두 분도 저한테 사랑한다는 말을 자주 하시죠. 그래서 감동하고 있어요. 그렇지만 어릴 때에는 그렇지 않았어요. 그때 사랑받지 못한다고 느꼈던 외로움이 아직까지 마음속 상처로 남아 있어요. 물론 저는 부모님을 사랑하고 싶은 마음뿐입니다. 나쁘게 말하려는 건 아니지만, 아직 제 마음속에는 부모님을 향한 분노가 남아 있어요.

두 분이 의도적으로 그런 건 아니라는 거 잘 알아요. 그렇지만 저한테는 큰 상처로 남았어요. 저는 제 자신이 열등한 사람으로 느껴졌어요. 그게 인간관계나 일에도 영향을 미쳤어요. 이런 말로 부담을 드리려는 건 아니지만 저는 필요 이상으로 과거와 싸우고 있어요.

화를 내고 싶지는 않아요. 부모님과 가까워지고 싶고 부모님을 거리낌 없이 사랑하고 싶어요. 저는 우리 가족이 화목하기를 무엇보다 바라요. 의무감도 느껴요. 어쩌면 지나치게 의무감을 느끼는지도 몰라요. 이렇게 의무감만 가득 차 있는 한,

제 감정은 허위일 수도 있어요. 혹은 다른 감정을 억누르고 있을 수도 있고요. 저는 작게나마 아우성치고 싶고, 부모님 앞에서도 온전한 제 자신을 보이고 싶어요. 그리고 이런 제 모습도 부모님이 받아들이는 걸 보고 싶어요. 그래야 저도 부모님을 제대로 따뜻하게 사랑할 수 있을 겁니다.

제가 이상하거나 별나다고 생각하지 마세요. 중요한 건, 제가 부모님을 사랑한다는 사실입니다. 그리고 이런 말을 하는 것은 부모님을 아끼기 때문이며, 앞으로 행복하게 지내고 싶기 때문이라는 사실입니다.

이 모든 것이 부모를 위한 일이 아니라 자기 자신을 위한 일임을 명심해야 한다. 내가 그만큼 성숙했다는 표시이며, 과거의 상처에 더 이상 겁먹지 않는다고 스스로에게 증명하는 일이다. 드디어 자신의 목소리를 찾았다는 증거다. 이제 어느 누구 앞에서도 굴복하지 않을 수 있다. 부모가 그 말을 다 이해할 수도 있고 이해하지 않을 수도 있다. 전자의 경우라면 관계가 더 친밀해지겠지만, 후자의 경우라도 나쁠 것은 없다. 이제 부모로부터 진짜 자유로워질 테니까.

저는 작게나마 아우성치고 싶고,
부모님 앞에서도 온전한 제 자신을
보이고 싶어요. 그리고 이런 제 모습도
부모님이 받아들이는 걸 보고 싶어요.
그래야 저도 부모님을 제대로 따뜻하게
사랑할 수 있을 겁니다.

}

널 사랑하지만
우리는 공통점이 없어

널 사랑하지만
우리는 공통점이 없어

✳ ＼ ○ ▷

우리는 친구를 사귈 때 대개 공통점이 많은 사람을 택한다. 취미가 같은 사람, 가치관이 비슷한 사람, 유머 감각이 통하는 사람, 하나의 관심사로 대화할 수 있는 사람.

하지만 가족은 고를 수 없다. 그게 가족의 중요한 일면이다. 가족이 모두 모였을 때 '여기에서 함께 시간을 보내고 싶은 사람은 단 한 명도 없네'라는 생각이 들 수도 있다. 유전자와 결혼 제도가 불러온 우연이 아니었다면 이 자리에 아예 있지도 않을 것이라고 생각할 수 있다.

낯을 많이 가리고, 탭댄스에 관심이 많고, 들어본 적도 없는 비디오게임에 정신이 팔려 있는 사촌이 있다. 독불장군에 목청도 크고, 브리지 카드 게임 이야기만 길게 늘어놓는 고모가 있다. 아주 점잖지만, 옷차림이나 기질이나 관심사가 우리와 동떨어진 이모부도 있다. 나를 비롯한 내 친구들의 정치관을 끔찍이 싫어하며, 우리는 웃음거리로만 언급하는 신문의 견해를 좋다고 말하는 형제도 있다.

그래도 이 사람들은 우리에게 중요하다. 네 살배기 아이

일 적, 해변에서 함께 모래성을 쌓은 사람은 누구도 아닌 내 형제. 어떤 말을 할 때 우리의 말투는 누가 들어도 가족이라고 알 만큼 닮았다. 사촌의 코는 할머니의 코를 그대로 물려받아서 내 코와 똑같다. 브리지 게임을 좋아하는 고모는 우리에게 아주 다정했고, 고모한테서 선물로 받은 갈색 벨벳 원숭이 인형은 몇 년 동안 베개 밑에서 나와 함께 잠들곤 했다. 이모부는 우리 어머니의 돈 문제를 해결하는 데에 큰 도움을 주었다. 이 중에는 우리가 장례식에 참석할 사람도 있고, 우리 장례식에 참석할 사람도 있다.

이 가족 구성원들을 사랑한다고 말해도 과장은 아니다. 그러나 한자리에 모이면 어쩔 수 없이 어제 날씨가 뜻밖에 좋았다거나, 여기까지 오는 데 길이 덜 막혔다는 뻔하고 무해한 이야기만 꺼낸다.

이런 가족 구성원에게 애정을 표현하려면 어떻게 해야 할까. 나는 딱히 관심이 없지만 상대가 관심을 두는 일을 물어보면 된다.

〰 **탭댄스를 몇 살 때부터 시작했다고 했지? 같이 배우는 친구는 있어? 탭댄스 선생님은 잘 가르쳐? 배울 때 어려운 점은 뭐야?**

브리지 게임을 하면서 예전이랑 달라진 게 있어요? 누구랑 하세요? 그 사람이 좋은 짝이라고(적수라고) 생각하시는 이유는 뭔가요?

우리 엄마(아빠)가 열네 살 때에는 어땠어요? 그 이후로 또 재미있는 일은 없었나요?

요즘 회사는 어떠세요? 짜증 나는 동료는 없나요?

아무 질문이나 퍼붓지 않는다. 내가 좋아하는 것이 아니라, 상대가 좋아하는 것, 상대한테 중요한 일, 상대의 인생에 의미가 있는 것을 대화의 주제로 삼는다. 한자리에 있는 잠시만이라도 상대의 행복을 우선시하는 행동이며, 애정을 드러내는 방법이 된다.

이로써 공동체를 이루는 존재 각각을 발견할 수 있다. 나한테는 그다지 관심 없는 주제라도 가족 구성원들의 삶에서 중요한 것들을 자세히 듣다 보면 경쟁, 실망, 간절한 희망, 두려움, 한계, 동경, 작은 즐거움, 뜻밖의 행복 등 삶의 더 깊은 이야기가 모습을 드러낸다.

언뜻 보아서는 끌리지 않는 사람과 가까워지고 자신과 가치관이 다른 사람이 실제로 어떻게 살아가는지 알게 되는 특별한 기회는 대개 가족 사이에서만 이루어진다. 그리고 가족 모임이 아닌 상황에서 만나면 그저 지루한 별종이라고 여기고 무시할, 타인을 무시하는 게 공정한 일은 전혀 아니지만 그래도 어느 정도 이해될 만한 사람들로부터 내가 사랑받고 있다는 걸 깨달을지도 모른다.

나한테는 그다지 관심 없는 주제라도
가족 구성원들의 삶에서 중요한 것들을
자세히 듣다 보면 삶의 더 깊은 이야기가
모습을 드러낸다.

가족

}

숙제부터 해

사랑하는 자식을 현실과 마주하도록 이끄는 것도 부모의 의
무다. 가장 먼저 생각할 수 있는 것이 학교 숙제다.

힘든 저녁이었다. 열 살짜리 아이가 수학 숙제를 하지
않겠다고 계속 소리친다. 아무리 부드럽게 격려해도 전혀 소
용 없다. 아이는 계속 묻는다. "내가 왜 이걸 해야 해?" 이제
잠잘 시간이 되어 아이에게 잘 자라고 인사하며, 질문에 적절
한 대답을 내놓으려 한다.

〰 **숙제하기 싫지? 나도 알아. 어른이 돼면 6397 나누기 82 같
은 계산을 할 필요도 없어. 그냥 핸드폰으로 하면 되니까. 네
가 어른이 됐을 때에는 다른 첨단 제품을 쓸지도 모르지. 그런
데 이런 숙제를 해야 하는 건 쓸모 때문이 아니야. 우리가 살
아가다 보면 하고 싶어서 하는 게 아니라 해야 하기 때문에 하
는 일들이 훨씬 많아. 그걸 미리 체험하는 게 바로 숙제야.**

아이가 이미 잠들었어도 계속 나직이 말한다.

～～ 여기서 진실을 알려줄게. 앞으로도 이런 상황이 계속될 거
야. 어쩔 수 없이 해야 하는 일이 너무 많아서 이렇게 괴로운
인생을 왜 살아야 하는지 의미를 알 수 없는 지경까지 갈 수
도 있어. 세월이 흘러 어느 화요일 오후 3시, 날씨는 아주 화
창한데 너는 책상 앞에 앉아서 벨기에의 전기 가격 경향을 분
석하거나, 크로이든에 있는 주차 빌딩에 투자할 투자자를 찾
아야 할지 몰라. 전혀 재미없는 일이라도 해야 해. 그래야 생
활비를 벌고 경력을 유지할 수 있으니까. 학교를 졸업하면 숙
제가 없어질 거 같지? 아니야. 하고 싶지 않아도 해야 하는
일은 평생 따라다녀. 그게 인생이야.

연애를 하거나 결혼을 하면, 상대가 원하는 걸 해야 해. 전혀
끌리지 않는 일이라도 해야 해. 배우자의 가족도 때마다 만나
야 해. 재미없게 본 영화라도 어떻게든 재미있는 걸 찾아내서
배우자의 아버지한테 들려줘야 하지. 배우자의 고모가 무서
워도, 배우자의 동생이 아무리 지루해도 부드럽게 대화를 이
어가야 해.
괴로운 일은 곳곳에서 계속돼. 명백하게 부당한 비판을 받으
면서 가만히 있어야 할 때도 있어. 아무 이유 없이 너를 미워
하는 사람도 있겠지만, 그렇다고 불평하면 지나치게 예민하
다는 말만 듣게 돼.

벗어날 수 있다는 생각이 들 때도 있지. 대학교를 졸업할 때나 돈을 좀 번 직후나, 결혼한 직후. 이혼한 직후, 아니면 아이들이 자라서 독립한 직후에 그런 생각이 들기도 해. 걱정도 고통도 상실감도 불안도 없는 장소와 시간을 꿈꾸지.

하지만 그렇게 꿈꾸는 곳에 절대 못 가. 살아가는 내내 너는 끝없이 힘들게 노력해야 하고, 즐거운 순간은 점점 더 뜨문뜨문 찾아오고 점점 더 줄어들어. 당근 케이크를 한 조각 더 먹고 싶은 마음이 굴뚝같아도 조절해야 돼. 맛있는 건 죄다 살찌는 음식이라는 걸 깨닫게 돼. 그리고 그걸 깨달을 쯤이 되면 인생에 남은 재미는 먹는 즐거움뿐이야.

남는 시간에는 싫어도 스트레칭을 해야 해. 팔다리가 굳기 시작하니까.

어느 날 문득 자신이 정말 늙었다는 생각이 들겠지. 그때가 되면, 올해에 제일 잘 나온 사진보다 10년 전에 형편없게 나온 사진이 더 나아.

어쩔 수 없이 병원에서 검사를 받고 끔찍한 선고를 들어야 할 때가 와. 이 무의미하고 기묘하고 즐겁고 놀라운 세상에서 너의 인생, 반짝이는 내면, 매력과 미덕, 하늘과 숲을 보면서 느끼던 기쁨이 마침내 완전히 끝나는 게 어이없겠지만 그래도 받아들여야 해.

여러 면에서 인생은 갖가지 숙제의 연속이야. 끔찍하겠지만

수학이 그중에서 제일 쉬워. 초보자용 안내서 같은 거야. 수학 숙제는 앞으로 만날 숙제에 비하면 차라리 재밌어.

가여운 우리 아기, 말로는 다 표현 못 할 만큼 사랑해.

이제 불을 끄고 살그머니 아이 방을 나와서 주방으로 간다. 주방에서는 배우자가 이상하다고 생각하고 있다. '이 사람이 아이 방에 왜 이렇게 오래 있지? 내일 학교 가야 할 애를 왜 늦게까지 붙잡고 있어?' 그리고 식탁 위에는 스프레드시트가 열려 있는 노트북이 기다리고 있다.

인생은 갖가지 숙제의 연속이야.
끔찍하겠지만 수학이 그중에서 제일 쉬워.
초보자용 안내서 같은 거야.
수학 숙제는 앞으로 만날 숙제들에 비하면
차라리 재밌어. 가여운 우리 아기,
말로는 다 표현 못 할 만큼 사랑해.

타인

}

수프에 파리가 있어요

우리는 매일매일 짜증스럽거나 불편한 타인과 마주한다. 기차에서 음악을 큰 소리로 듣는 사람이 있는가 하면, 비행기 옆자리에 앉아 미친 듯이 다리를 떠는 사람도 있다. 정체 모를 곰팡내가 나거나 에어컨이 크게 윙윙거리는 호텔 방을 받을 때도 있다. 식당에서 화장실 옆자리를 안내받을 수도 있고, 딱딱해진 빵이 나올 수도 있다. 수프에 죽은 파리가 둥둥 떠 있을 수도 있다.

이렇게 불만스러운 상황에 처했을 때 아무 반응을 보이지 않아야 한다고 배웠다. 감정적으로 대하지 말고 너그럽게 이해해야 한다고, 쉽게 화내는 자신을 다스려야 한다고 교육받았다. 그래서 어떤 일이 벌어져도 소란 떨지 않고 침묵을 지켜야 한다는 생각이 어릴 때부터 깊게 박혔을 수 있다.

그와 동시에, 우리는 내심 씰룩거리고 부글부글 속을 끓인다. 갑자기 폭발하듯 화낼 수도 있다. 평소에 얌전한 사람이라도 렌터카 상담 데스크에서, 호텔 프런트에서, 혹은 기차 안에 모자를 뒤집어쓴 청소년을 상대로 억제되지 않은 분노를 터뜨리는 자기 자신에게 놀랄 수도 있다.

그러나 깊이 들여다보면 침묵도 분노도 좋은 길이 아니다. 그렇다면 어떻게 반응하는 것이 이상적일까? 공손하면서도 정직해야 하며, 예의를 지키면서도 솔직 담백해야 한다.

이런 반응을 체화하려면 무엇보다 자신과 자신의 욕구 사이의 관계를 긍정적으로 만들어야 한다. 나에게 만족을 주는 일이 반드시 타인에게도 즐겁거나 유용하지는 않을 수 있다. 그래도 우리는 자신이 원하는 바를 찾아내고 계속 추구해야 한다. 타인에게 관대하고자 하는 욕구는 더없이 고귀하지만, 정말 양질의 삶을 살아가려면 때로 (어린아이였을 때 그랬던 것처럼) 효과적으로, 조금은 과감하더라도 약삭빠르게 행동할 필요가 있다.

그러는 한편 아주 힘든 상황에서도 감정에 휘말려서 격분하지 않으려면 타인의 행동과 의도가 반드시 일치하지는 않는다는 사실을 잊지 않아야 한다. '동인'이라는 개념이 중요하다. 화가 나서 미칠 지경이라면 그런 감정까지 이르게 된 진짜 동인을 찾아야 한다. 안타깝게도 우리는 어떤 감정을 불러일으키는 직접적인 원인을 제대로 알아채지 못하고 터무니없이 잘못된 생각에 빠지기 쉽다. 상대방에게 격하게 반응하거나 흥분해서는 안 될 때에도, 존재하지도 않는 의도를 보며 점점 더 격해져서 맞싸운다.

쉽게 어두운 결론으로 비약해서 화내는 이유로는 그다지 유쾌하지 않은 심리학적 현상을 꼽을 수 있다. 바로 자기혐오다. 자기 자신을 싫어하는 사람일수록 남들이 자신을 업신여긴다고 여기며, 남들이 자신을 무시하며 괴롭힐 타깃으로 삼는다고 느낀다.

이제 막 일에 집중하려고 하는데 왜 밖에서 드릴 소리가 들리기 시작하지? 회의 시간이 코앞인데 왜 룸서비스 조식은 아직 안 나오지? 잠시만 기다리라고 하던 전화 안내원은 왜 계속 아무 말도 없지? 이건 분명히 음모라고, 내가 만만한 타깃이기 때문이라고, 드릴 소리의 공격을 받아도 괜찮은 사람으로 보였기 때문이라고 생각한다. 그리고 스스로 그런 취급을 받을 만하다고 여긴다. 이처럼 무의식적으로 작용하는 자기혐오를 항상 짊어지고 다니면 스스로가 생각하는 자신의 모습, 쓸모없는 존재라는 자신의 모습을 더 넓은 세상에서도 계속 확인하려 애쓰게 된다.

자신의 불만이 일그러지지 않고 정당하려면 피해망상 없이 생각하는 습관을 들여야 한다. 타인이 우리를 일부러 괴롭히려고 작정한 것은 아니며, 그들은 우리에게 그렇게 신경 쓰지 않는다는 가정에서 출발해보자. 타인이 매우 친절하고 이성적인 사람이지만 그럼에도 불구하고 그 사람 때문에 몹시 화가 날 수도 있다는 생각을 머릿속에 기본적으로 장착할 수 있다.

〰 실례합니다. 모르고 그러셨겠지만 등받이를 너무 뒤로 젖히
셔서 제 무릎이 눌렸어요.

방해해서 미안하지만 통화하는 소리가 너무 크게 들립니다.

저도 그 노래를 좋아합니다만 지금은 잠을 자야 합니다.

일부러 집어넣지 않은 걸 알지만 파리가 수프에 빠졌어요.

단어 선택은 큰 문제가 되지 않는다. 중요한 것은 가벼
운 말투다. 내 입장에서는 충분히 화날 만하다는 인상을 주는
동시에, 고의가 아닌 것을 안다고 넌지시 알릴 수 있어야 한
다. 이렇게 보면 불만을 제기하는 것은 상대에게 모욕을 주는
행동이 아니라 약간의 교훈을 주는 아주 친절한 시도다.

중요한 것은 가벼운 말투다.
내 입장에서는 충분히 화날 만하다는
인상을 주는 동시에,
고의가 아닌 것을 안다고
넌지시 알릴 수 있어야 한다.

옮긴이 조동섭

서울대 언론정보학과를 졸업하고, 『이매진』 수석기자, 『야후 스타일』 편집장, 『TTL 매거진』 편집 주간을 맡은 바 있다. 『싱글 맨』 『독거미』 『정키』 『퀴어』 『텔레니』 『빅 피처』 등 다수의 책을 번역했다.

더 나은 말

초판 1쇄 인쇄 2023년 6월 5일
초판 1쇄 발행 2023년 6월 19일

기획자 알랭 드 보통
지은이 인생학교
옮긴이 조동섭
펴낸이 정은선

펴낸곳 (주)오렌지디
출판등록 제2020-000013호
주소 서울특별시 강남구 선릉로 428
전화 02-6196-0380
팩스 02-6499-0323
ISBN 979-11-92674-64-3 (03190)

www.oranged.co.kr